Budushchnost Rossii

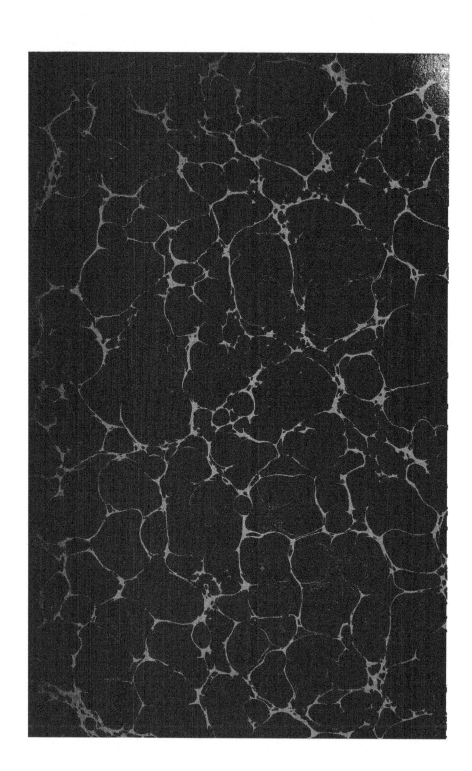

БУДУЩНОСТЬ РОССІИ,

ВЪ ЗАВИСИМОСТИ 572

ОТЪ

СВОЕВРЕМЕННАГО РАЗРѢШЕНІЯ

ВОПРОСОВЪ РУССКО-ПОЛЬСКАГО И РУССКО-НѢМЕЦКАГО,

ПУТЕМЪ

НАЦІОНАЛЬНОЙ ПОЛИТИКИ

РУССКАГО ПРАВИТЕЛЬСТВА

И

ПАТРІОТИЧЕСКОЙ ДѢЯТЕЛЬНОСТИ

РУССКИХЪ ГРАЖДАНЪ.

П. П. ДАНИЛОВА.

САНКТПЕТЕРБУРГЪ.

Типографія Товарищества «Общественная Польза».

Близъ Круглаго рынка, по Мойкѣ, № 5.

1866.

БУДУЩНОСТЬ РОССІИ.

БУДУЩНОСТЬ РОССІИ,

ВЪ ЗАВИСИМОСТИ

ОТЪ

СВОЕВРЕМЕННАГО РАЗРѢШЕНІЯ ВОПРОСОВЪ РУССКО-ПОЛЬ-

СКАГО И РУССКО-НѢМЕЦКАГО,

ПУТЕМЪ

НАЦІОНАЛЬНОЙ ПОЛИТИКИ

РУССКАГО ПРАВИТЕЛЬСТВА

И

ПАТРІОТИЧЕСКОЙ ДѢЯТЕЛЬНОСТИ РУССКИХЪ ГРАЖДАНЪ.

Н. П. ДАНИЛОВА.

САНКТПЕТЕРБУРГЪ.

Типографія Товарищества «Общественная Польза»

Близъ Круглаго рынка, по Мойкѣ, № 5.

—

1866.

БУДУЩНОСТЬ РОССІИ,

ВЪ ЗАВИСИМОСТИ ОТЪ СВОЕВРЕМЕННАГО РАЗРѢ-
ШЕНІЯ ВОПРОСОВЪ РУССКО-ПОЛЬСКАГО И РУССКО-
НѢМЕЦКАГО, ПУТЕМЪ НАЦІОНАЛЬНОЙ ПОЛИТИКИ
РУССКАГО ПРАВИТЕЛЬСТВА И ПАТРІОТИЧЕССКОЙ
ДѢЯТЕЛЬНОСТИ РУССКИХЪ ГРАЖДАНЪ.

Еще недавно въ иностранной печати и въ
словесныхъ толкахъ своеземныхъ противни-
ковъ неразрывнаго единства Русской Имперіи
высказывалось мнѣніе, что Россія не имѣетъ — и
неможетъ имѣть — *никакой* самостоятельной,
государственной будущности.

Это было разумѣется въ то время, когда
русская политика еще ничѣмъ не заявляла
своего возвращенія къ ея естественному на-
ціональному характеру и когда, слѣдователь-
но, внутренніе и внѣшніе враги Россіи со-
составляли свои убѣжденія и дѣлали свои

разсчеты на основаніи такихъ данныхъ, которыхъ въ настоящее время уже нѣтъ. Теперь тактика нѣкоторыхъ изъ этихъ господъ измѣнилась. О смертномъ приговорѣ Россіи уже не говорится: ей милостиво даруется жизнь и обѣщается безобидная будущность, *подъ условіемъ* устраненія ея отъ должности великой европейской державы — для того чтобъ она могла лучше выполнять свои обязанности по *аванпостной* службѣ въ глубинѣ Азіи, въ качествѣ цивилизатора Алеутовъ, Остяковъ, Калмыковъ, Киргизовъ и другихъ полудикихъ азіятскихъ обывателей.... Вотъ роль, рекомендуемая Россіи новѣйшей иностранной публицистикой!.....

Мы нестанемъ разбирать въ какой мѣрѣ была бы прилична и почетна эта роль для такого государства, которое занимаетъ *цѣлую половину* европейской территоріи и имѣетъ на этой территоріи *до 70 милліоновъ* изъ своихъ подданныхъ. Мы небудемъ разсуждать до какой степени эта роль была бы разумна и выгодна въ то время, когда русскій народъ, еще далеко незнакомый съ благами современной гражданственности, прежде чѣмъ циви-

лизовать, другихъ долженъ думать о самомъ
себѣ и всѣми силами трудиться надъ тѣмъ,
чтобъ поскорѣй скопать съ своей шеи цѣлую
абузу накопившихся у него его собственныхъ
дѣлъ и что при такомъ положеніи, русскому
народу вовсе не до того, чтобъ *донкихот-
ствовать* по азіятскимъ пустынямъ въ угоду
нетолько французскихъ «идей» но даже — и
своей прежней Дульцинеи—Германіи......
Все это такъ понятно, что объ этомъ не стòитъ
и говорить.

Но если насъ, Русскихъ, уже неможетъ удив-
лять никакая наглость и никакая нелѣпица
въ подобныхъ рекомендаціяхъ, — если мы уже
хорошо знаемъ и настоящій смыслъ и нас-
тоящую цѣну доброжелательныхъ совѣтовъ
западной Европы по части устройства наше-
го государственнаго благосостоянія, — то въ
настоящее время намъ особенно интересно
знать, *почему еще продолжаютъ заниматься
нами такимъ безцеремоннымъ образомъ?*

Въ-самомъ-дѣлѣ что это такое? выстрѣлы
ли на вѣтеръ, послѣ неудавшійся «Охоты на
Медвѣдя»; или *заказное* продолженіе все од-
ной и той же «Несчастной Комедіи», кото-

рая по справедливости могла бы удержать за собой старинное русское названіе «публичнаго *позорища*» и которая до сихъ поръ шла у насъ своимъ чередомъ единственно потому; что поддерживалась нѣкоторыми вліятельными, туземными любителями?.... Вотъ вопросъ, который въ настоящее время имѣетъ особенный интересъ для каждаго, принимающаго участіе въ положеніи нашихъ внутреннихъ дѣлъ.

Извѣстно что заграницей публиковались и публикуются не только газетныя статьи, но даже особыя брошюры и пр. писанныя *исключительно* для того чтобъ сбивать съ толку людей, которые могли или могутъ — такъ или иначе — вліять на политику русскаго правительства. Само-собой-разумѣется, что въ такихъ статьяхъ и брошюрахъ, съ больше или меньше искусной маскировкой, всегда рекомендовалось и рекомендуется для Россіи именно тò, чего на мѣстѣ Россіи, *никогда и ни подъ какимъ видомъ, недопустило бы у себя ни одно благоустроенное государство.* И хоть здѣсь кажется не трудно было бы повѣрять *чужія* слова *чужими* дѣлами и руководствоваться не совѣтами а поступками другихъ, но не трудно иногда поддаться и вліянію совѣтовъ, если ими какъ-говорится «безпрестанно дуть въ уши, со всѣхъ сторонъ»......... Какъ бы то ни было, а въ прежнее время такіе совѣты были непослѣднимъ бпчемъ для національной русской политики и слѣдовательно — большимъ зломъ для Россіи.

Съ другой стороны всѣ знаютъ — и объ этомъ ужъ неразъ говорилось въ нашей печати — что извѣстныя ошибки или неправильности прежней русской политики всегда были очень выгодны для нашихъ враговъ и очень вредны для насъ самихъ, и что поэтому, «*серіозное, безотложное и настойчивое исправленіе такихъ ошибокъ, признано теперь самой настоятельной государственной необходимостью.*» Мы даже видимъ что теперешнее наше правительство уже начинаетъ дѣйствовать въ-смыслѣ удовлетворенія такой необходимости. Шагъ чрезвычайно важный, тѣмъ больше, что онъ дѣлается по личной иниціативѣ Перваго изъ русскихъ людей, Государя Александра Николаевича, такъ непритворно и такъ-горячо любимаго всѣмъ русскимъ народомъ и каждымъ *по-душѣ-Рус-скимъ* Его подданнымъ.

Казалось бы, чего больше желать? Но понятно, что благія *предначертанія* и *указанія* Верховной Воли, требуютъ для ихъ осуществленія извѣстныхъ *примѣненій* и *исполненій*, что дѣлается уже тѣми лицами, которыя въ данное время находятся въ составѣ правительства. Лица эти многочисленны и отъ центра правительственнаго круга доходятъ до послѣднихъ его границъ. И въ этомъ-то кругу возникаютъ иногда тѣ несогласныя съ интересами русскаго дѣла *замедленія* въ исполненіяхъ и *уклоненія* въ примѣненіяхъ *указан-наго*, которыя всего-сильнѣй ободряютъ враговъ и всего больше обезкураживаютъ друзей Россіи.......

И это очень естественно, такъ-какъ здѣсь всякая мѣра, *принятая* для улучшенія существующаго положенія дѣлъ нетолько не пріобрѣтаетъ никакой практической пользы *до точнаго и совершеннаго своего выполненія*, но напротивъ: *своимъ невыполненіемъ или неправиль-ностью своего выполненія* всего скорѣй *увели-*

чиваетъ существующее зло, — оказывая что это зло порицается и отвергается лишь на однихъ словахъ, но *не преслѣдуется и не искореняется на дѣлѣ*...... Это до того справедливо, что враги Россіи и до сихъ поръ еще *невѣрятъ* ни въ полноту, ни въ прочность національнаго характера русской политики, и всѣ мѣры свидѣтельствующія о возрожденіи національнаго духа въ русской государственной жизни, считаютъ *случайными и временными*......

И хотя на этотъ разъ враги Россіи *ошибутся*, но пока это совершенно выяснится, — интриги по прежнему будутъ подкапываться подъ русское дѣло со всѣхъ сторонъ, что разумѣется отзовется для Россіи лишними непріятностями и лишними хлопотами..... А такъ какъ у насъ и безъ того немало всякихъ хлопотъ и непріятностей, то конечно было бы очень недурно избѣгать въ этомъ отношеніи всякаго возможнаго излишества. И кажется что по предмету *необходимыхъ общеполезныхъ* реформъ этого нетрудно было бы достигнуть, если бы за ходомъ *выполненія* каждой принятой мѣры, слѣдить до конца съ непрсрывной настойчивостью. Тогда наши враги увѣрились бы *скорѣе*, что наше дѣло пойдетъ на дѣлѣ, а не на однихъ словахъ; хотя повторяемъ, враги Россіи все-таки ошибутся, думая что теперешняя національная русская политика можетъ снова принять свое *прежнее*, антинаціональное направленіе. Такой поворотъ назадъ уже *положительно невозможенъ* при тѣхъ новыхъ условіяхъ, при которыхъ нѣтъ больше хода вражьимъ кознямъ и проискамъ: при томъ общественномъ мнѣніи, которое у насъ видимо растетъ и крѣпнетъ въ здравомъ сознаніи нуждъ и въ вѣрной оцѣнкѣ положенія своей національной жизни и при той *свободѣ слова*, какой еще никогда небывало въ русскомъ царствѣ и какой теперь можетъ пользоваться каждый изъ насъ, для обсужденія и разъясненія своихъ государственныхъ дѣлъ. Правда что *прежде* въ Россіи были примѣры и торжества и *упадка* національной политики; но *тогда эта политика падала подъ гнетомъ интригъ только потому, что интриги могли дѣйствовать на полномъ просторѣ — въ безгласности*........Теперь другое дѣло!..... И пусть теперь наше по-

ложеніе больное; пусть оно критическое,—
ничего: скорѣй выздоровѣемъ!

Да; хотя жизнь государства какъ и жизнь
человѣка, можетъ находиться и въ здоро-
вомъ и въ болѣзненномъ состояніи и болѣзни
государствъ какъ и болѣзни людей, могутъ
въ данныя времена доходить до тѣхъ выс-
шихъ степеней соего развитія которыя обы-
кновенно называются переломнымъ состоя-
ніемъ, или кризисами, но кризисъ уже не
болѣзнь: это конецъ болѣзни. Это такъ-ска-
зать роковой актъ послѣдней борьбы на жизнь
и смерть между здоровьемъ и недугомъ, а
этотъ актъ уже имѣетъ свои извѣстныя яв-
ленія, по которымъ можно предвидѣть бо-
лѣзненный *исходъ*. Такъ напримѣръ пока бо-
лѣзнь сохраняетъ больше или меньше дли-
тельный характеръ, духовныя силы больна-
го организма *еще могутъ*, нѣкоторыми дѣй-
ствіями воли, *даже и безсознательно вредить
собственному своему тѣлу* — подвергая его
тѣмъ или другимъ враждебнымъ вліяніямъ
и ставя его въ тѣ или другія неблагопріят-
ныя условія; по какъ скоро эти враждебныя
вліянія и эти неблагопріятныя условія до-

ведутъ болѣзнь до высоты кризиса, — жиз-. ненные инстинкты каждаго, *не въ-конецъ ис-. порченнаго болѣзнію* организма начинаютъ об-наруживаться такъ ясно, что всякія *самовре-дительныя* дѣйствія духовныхъ силъ страж-дущаго *уже не могутъ оставаться безсозна-тельными*, и тогда эти силы, кромѣ случа-евъ несчастныхъ исходовъ болѣзней, непре-мѣнно вступаютъ въ спасительную гармо-нію съ стремленіями своихъ жизненныхъ инстинктовъ и предупредительно удовлетво-ряютъ всѣ потребности послѣднихъ — для возстановленія общаго здоровья. Есть конеч-но и другаго рода извѣстныя явленія кри-зисовъ — *съ ихъ извѣстными послѣдствіями*; но если у насъ такихъ явленій нѣтъ, — мы имѣемъ право вѣрить что въ настоящее вре-мя и мы не умираемъ, но выздоравливаемъ.

А какъ-скоро это такъ, — какъ-скоро у насъ только возстановится необходимая гармонія между извѣстными отправленіями и тѣмъ воз-будится *общій* животворный антагонизмъ всѣмъ извѣстнымъ вредоноснымъ вліяніямъ и причинамъ, то можно смѣло ручаться, что всякія вражьи усилія къ *ускоренію* нашего го-

сударственнаго распаденія будутъ имѣть ре-
зультаты діаметрально-противоположные же-
ланіямъ и домогательствамъ нашихъ враговъ,
именно: *скорѣйшее* закрѣпленіе неразрывной
цѣлости Русской Имперіи.

Это *несомнѣнно*, такъ-какъ насъ губило
и могло губить только одно: крайняя ненор-
мальность въ прежнихъ отправленіяхъ на-
шей государственной жизни, или говоря точ-
нѣе: бывшее у насъ крайнее чужданіе пра-
вительственныхъ силъ отъ силъ народныхъ
и совершенное устраненіе послѣднихъ, пер-
выми, отъ всякой (прямой и косвенной) соучас-
тной дѣятельности въ общихъ русскихъ дѣ-
лахъ. Да, насъ губилъ — и могъ губить —
только одинъ этотъ ядовитый плодъ *чужихъ*
интригъ, державшихъ тѣ и другія силы въ
ложныхъ другъ къ другу отношеніяхъ и
производившихъ между этими силами не-
естественное — постоянно ослаблявшее и исто-
щавшее насъ — разъединеніе.

Итакъ отъ насъ самихъ зависитъ усво-
ить себѣ *несомнѣнно-благопріятную* жизнен-
ную прогностику и избавиться нетолько отъ
безотрадныхъ явленій агоніи, но даже и отъ

рецидивовъ прежней нашей немочи.... *Нужна только твердая рѣшимость противостать общимъ опасностямъ общими силами,* — нужно только *неопоздать* приготовиться къ дружной встрѣчѣ этихъ опасностей, — и всякая воздвигающаяся на насъ внѣшняя гроза — *пройдетъ мимо.*

Отъ общей характеристики хорошихъ и худыхъ условій настоящаго положенія нашихъ дѣлъ и нашихъ теперешнихъ отношеній къ враждебнымъ Россіи интригамъ ея многочисленныхъ недоброжелателей, мы перейдемъ къ бѣглому очерку происхожденія и развитія этихъ интригъ какъ внѣ, такъ и внутри нашего отечества.

Западная Европа еще задолго до восточной войны уже была проникнута чувствомъ общаго недоброжелательства къ Россіи. Происхожденіе такого чувства очевидно: западные европейцы просто-на-просто боялись (какъ боятся и теперь) громаднаго возрастанія матеріальныхъ силъ Русскаго Государства. И хотя тогда всѣ знали, что русская государственная жизнь была въ ненормальномъ положеніи, но такъ-какъ при этомъ многіе знали и то, что внутренній недугъ Россіи вовсе не изъ числа неизлечимыхъ, — и что этотъ недугъ *безъ искусственныхъ препятствій и безъ насильственныхъ помѣхъ* нетрудно из- лѣчить извѣстными раціональными мѣра- ми, — то вслѣдствіе этого *наши враги и воздвигли противъ насъ рядъ тѣхъ интригъ, которыя и доселѣ ведутся съ цѣлью значи- тельнаго ослабленія — если не совершеннаго разрушенія — могущества Русской Имперіи.*

Но до восточной войны Россія для осталь- ной Европы была своего рода Китаемъ, съ неопредѣленными матеріальными и немате- ріальными силами. Очень можетъ быть, что первыя изъ этихъ силъ казались тогда за- падно-европейскимъ дипломатамъ даже боль- шими, чѣмъ онѣ были въ дѣйствительности. Такой взглядъ имѣлъ свою историческую ос- нову и легко могъ образоваться подъ влія- ніемъ впечатлѣній и воспоминаній достопа- мятнаго 1812 года, когда Россія стяжала себѣ славу бранныхъ побѣдъ надъ столь-ве- ликимъ и столь-могущественнымъ военнымъ геніемъ. И Россія *долго* покоилась на этихъ лаврахъ: долго смотрѣла на нее западная

Европа съ сильной завистью и съ неменьше-сильными опасеніями; но эти опасенія таились, — эта зависть сдерживалась, — и Европа долго не рѣшалась поднять на Россію вооруженную руку . . . . . . Такъ прошло около 40 лѣтъ.

Сорокъ лѣтъ ! . . . . . . Вѣдь это чуть не цѣлая жизнь, чуть не цѣлый вѣкъ умственной дѣятельности человѣка . . . . .

Кто не пожалѣетъ, если его жизнь прошла безплодно? Кто не придетъ въ отчаяніе, если она не сдѣлала ничего кромѣ вреда?

Наступила восточная война. Окончивши всѣ предварительныя развѣдки и запасшись нѣкоторыми шансами на успѣхъ *въ самой Россіи*, Наполеонъ III-й по соглашенію съ Англіей образовалъ извѣстную коалицію и союзники высадились на русскую землю. Каждый изъ насъ еще свѣжо помнитъ всѣ главные эпизоды той кровавой драмы, которая началась съ побоища подъ Альмой и закончилась взятіемъ Малахова кургана Французами. Союзники побѣдили; но *такъ-какъ имъ слишкомъ-дорого обошлась ихъ неполная побѣда*, то осторожный племянникъ неосторожнаго дяди счелъ за лучшее отказаться, пока, отъ дальнѣйшихъ попытокъ на славу и поспѣшно заключилъ перемиріе. Тѣмъ дѣло и кончилось . . . . . Что показала эта война намъ? — мы всё знаемъ; но что показала она ппостранцамъ?

Напрасно обнадѣявшись — вслѣдствіе извѣстныхъ ошпбочныхъ соображеній — на поддержку своего дѣла русскимъ народомъ и слишкомъ преувеличивши значеніе тѣхъ *подготовительныхъ успѣховъ*, которые были добыты путемъ извѣстныхъ происковъ, сначала союзники думали что они могутъ легко управиться ad libitum съ «русскимъ вопросомъ» и порѣшить этотъ вопросъ безъ всякихъ съ ихъ стороны особыхъ усилій и важныхъ пожертвованій. Такъ думали руководители дѣла и передъ восточной войпой Пальмерстонъ публично называлъ Россію «исполиномъ на глпняныхъ *ногахъ*» и заявилъ увѣренность, что этого исполина легко повалить однимъ порядочнымъ ударомъ и что разъ повалившись, этотъ исполинъ уже никогда не поднимется. Конечно это мнѣніе

*

было такимъ грубымъ заблужденіемъ, что бывшій англійскій премьеръ могъ впасть въ него неппа' какъ въ *подагрическомъ* припадкѣ, по-пословицѣ: «что̀ у кого болитъ, тотъ о томъ и говоритъ»; но хотя подобныя мнѣнія сами по себѣ были совершенно-ошибочны, однакожъ на нихъ основывались и въ періодъ восточной войны, возлагали большія надежды между-прочимъ и на успѣхъ извѣстныхъ агитацій въ нашей простонародной средѣ.

И когда уже положительно увѣрились, что на этой послѣдней почвѣ всякое подобное сѣяніе было бы совершенно-безплодно,— и когда вмѣстѣ съ тѣмъ результаты восточной войны такъ-далеко не оправдали ожиданій нашихъ противниковъ,— только тогда направленныя противъ насъ *иноплеменныя* интриги приняли тотъ ожесточенный характеръ, тѣ обширные размѣры и тѣ чудовищныя формы, вслѣдствіе которыхъ *скрытныя козни нашихъ* безоружныхъ *враговъ и наша* мирная *борьба съ этими врагами сдѣлались по-истинѣ несравненно-больше-серіозными, чѣмъ всякая открытая, наступательная или оборонительная война.*

И это не парадоксъ, а истина уже дока-
занная опытомъ, такъ-какъ послѣ Париж-
скаго мира война противъ Ↄⱷ⸱съ не окончи-
лась, а только видоизмѣнилась, вслѣдствіе
новыхъ, стратегическихъ соображеній на-
шихъ противниковъ. Не сломивши мнимо-
«глиняныхъ *ногъ* исполина» въ *открытомъ*
нападеніи, враги Россіи повели противъ нея
особаго рода такъ-называемую п р а в и л ь-
н у ю *скрытую* осаду, съ особаго рода во-
е н н ы м и х и т р о с т я м и . . . . . . Это для на-
шихъ противниковъ было гораздо выгоднѣе
въ денежномъ отношеніи, и гораздо надеж-
нѣе — въ отношеніи шансовъ на успѣхъ. Ве-
деніе интриги хотя бы и самой обширной
и самой дѣятельной, все-таки должно было
обходиться несравненно дешевле военнаго со-
держанія союзныхъ армій и флотовъ, а ре-
зультаты такого оборота дѣла легко могли
быть для насъ безмѣрно-вреднѣй, чѣмъ ка-
кая-нибудь бомбандировка Свеаборга, взятіе
и разореніе (и то не всей) Севастопольской
крѣпости и т. п.

Открывая такую м и р н у ю противъ насъ
компанію, нашъ непріятель какъ-нельзя-луч-

ше зналъ всѣ тѣ слабыя и больныя мѣста русскаго государственнаго строя, на которыя ему въ данные моменты преимущественно слѣдовало дѣйствовать. Главными изъ такихъ слабыхъ и больныхъ мѣстъ представлялись *тогда*: крестьянское дѣло, польскій вопросъ, нѣмецкая «задача» германизировать восточную Европу и — ненормальность русской политики. Сюда же относилось и *на-заказъ*-распространенное у насъ лжеученіе о разныхъ національностяхъ и объ *антирусскомъ* гуманизмѣ *Русскаго* Государства. Тò лжеученіе, которое выразилось у насъ въ федеративныхъ и сеперативныхъ тенденціяхъ нетолько русскихъ Нѣмцевъ и Поляковъ, — нетолько нѣкоторыхъ изъ Малоруссовъ, Новороссійцевъ и т. п. — но даже и нашихъ (*сбитыхъ съ толку* благонамѣренной *школой*) соціалистовъ и нигилистовъ *чисто - великорусскаго происхожденія*. И хотя такимъ образомъ дѣло русской федераціи возводилось въ явный абсурдъ, но не смотря на это, *иноплеменныя* интриги *недаромъ* разсчитывали имѣть въ адептахъ означеннаго ученія усердныхъ и даровыхъ помощниковъ.

Наступило 19-е Февраля, 1861 года. Это былъ какъ извѣстно великій, незабвенный для цѣлой Россіи день, съ котораго, *во всякомъ случаѣ,* началась новая эра русской жизни. Наши враги крѣпко расчитывали на возможныя катастрофальныя послѣдствія этого дня. «Ну,— каша заварена!» говорили одни; «безъ тюри не обойдется!» замѣчали другіе; и съ часу на часъ ожидали что и для Россіи начнется наконецъ свой 1848 годъ. Но здѣсь, какъ знаютъ всѣ, враговъ Россіи ожидало полное разочарованіе. И дѣйствительно, на первомъ исполнительномъ шагу крестьянской реформы случайныя обстоятельства какъ нарочно расположились такимъ образомъ, что все казалось должно было содѣйствовать возбужденію безпорядковъ: старая власть упразднялась безъ предварительнаго образованія новыхъ властей; двѣ противныя другъ другу и сильно заинтересованныя въ дѣлѣ стороны оставлялись что называется съ глазу на глазъ, безъ всякаго, всегда и во всемъ столь обычнаго у насъ, административнаго посредничества; а къ довершенію всего, обнародованіе «Высочайше утвержденныхъ Положеній» поч

ти вездѣ прошлось въ самую сильную, ве-
сеннюю распутицу.......

Но видно «чему ужъ не быть, того небу-
детъ»... Отмѣна помѣщичьяго крѣпостнаго
права совершилась на Руси и скорѣй и благо-
получнѣй, чѣмъ она совершалась во всѣхъ
другихъ странахъ: рѣшительныя минуты про-
шли счастливо и громадная реформа въ обла-
сти самыхъ важныхъ и самыхъ живыхъ ин-
тересовъ русской жизни легко вошла въ
границы, указанныя ей Верховной Волей
Вѣнценоснаго Освободителя. *)

Рубиконъ былъ перейденъ! Державному
призыву Россіи къ лучшей гражданской
жизни, было положено прочное и плодотвор-
ное основаніе. Но чѣмъ удачнѣе прошелъ
этотъ первый опытъ примѣненія раціональ-
ныхъ мѣръ къ исправленію нашихъ быто-
выхъ аномалій, — чѣмъ неожиданнѣй и пол-
нѣй рушились надежды нашихъ враговъ на
возможность потрясенія Россіи внутренними
смутами, — тѣмъ яснѣе враги наши поняли

---

*) Фактъ неоспоримо доказавшій высокое здравоуміе
и способность русскаго народа къ плодотворному вос-
принятію «улучшеній» въ его гражданскомъ быту.

что время *«неждетъ»* и что если имъ еще можно — *опираясь на извѣстные шансы* — помѣшать *уже - получившему такое серіозное обезпеченіе* развитію русской государственной жизни, то это должно быть «или теперь, или — никогда» . . . . Такъ они и рѣшили — такъ стали и дѣйствовать. На наше горе, дѣятельности нашихъ враговъ представлялась самая широкая арена — «польскій вопросъ.»

Приступая къ разсмотрѣнію этого вопроса, который какъ извѣстно составляетъ одно изъ самыхъ большихъ мѣстъ русской государственной жизни, мы отъ всей души желали бы сохранить все безпристрастіе спокойной и здравой критики. Это конечно довольно трудно, но мы постараемся на сколько можемъ воздержаться отъ всякихъ увлеченій и отнесемся къ запутанному польскому вопросу въ духѣ третейскаго суда.

Для лучшаго достиженія такой цѣли, ставя польскій вопросъ на русскую точку - зрѣнія, мы во - первыхъ отличимъ въ немъ разные его фазы, именно: 1-й — до раздѣла Польши, 2 - й — до восточной войны, 3 - й — до послѣдняго польскаго возстанія и 4 - й —

до настоящаго времени; а во-вторыхъ, мы разсмотримъ этотъ вопросъ съ двухъ *отдѣльныхъ* сторонъ, именно: со стороны исходной, или конечной — осуществленія которой мы должны стараться достигнуть *въ недальнемъ будущемъ*; и со стороны теперешней — наличной, *требованія которой мы обязаны удовлетворить немедленно — сей часъ*.... Начнемъ по порядку.

Первый фазъ польскаго вопроса. Извѣстно что почва для польскаго вопроса подготовлялась вѣками. Еще за половину тысячелѣтія до настоящаго времени, *мнимо* - «*Крестьянскій* король» Польши, Казиміръ Великій, (III-й) уже посѣялъ на ея государственной нивѣ тѣ плевелы, которыя въ послѣдствіи сдѣлались причиной самоубійства польской независимости.

А что польскій вопросъ очутился въ такомъ отношеніи къ Россіи, такъ это было неизбѣжнымъ результатомъ *разности* историческаго развитія Россіи и Польши, въ качествѣ *одноплеменныхъ, сосѣднихъ* государствъ; Такъ напримѣръ Польша пріобрѣла завѣты христіан-

ства отъ Западной церкви, въ формѣ като-
лицизма, *создавшаго гибельныя для государст-
венныхъ основъ феократію и инквизицію*, межъ
тѣмъ какъ Русь получила эти завѣты отъ
церкви Восточной, въ формѣ православія,
*никогда своимъ характеромъ и своей иниціа-
тивой не насиловавшаго разумныхъ началъ го-
сударственной жизни*. Дальше, Польша эман-
ципировала Евреевъ, а Русь — Татаръ; Ев-
реи при извѣстныхъ условіяхъ *обратились
въ истощающую чужеядную язву польскаго го-
сударственнаго тѣла*, тогда какъ Татары, съ
ихъ серіознымъ умомъ и съ ихъ строгими
нравами, *вліяли скорѣй выгодно, чѣмъ не вы-
годно на русскую государственную жизнь.*) При
томъ же хотя Польша и Русь отчасти од-
новременно вкушали горькіе плоды государ-
ственнаго сепаратизма — удѣловъ, но Россія
исправила эту аномалію *династическимъ мо-
нархизмомъ*, а Польша съ своей политичес-
кой аристократіей перешла изъ этой анома-
ліи въ другую, еще-худшую, — въ *анархи-*

---

*) Кромѣ того, прежде, «татарское иго» выработало въ
русскомъ народѣ способность къ самому высокому, пат-
ріотическому единодушію, а въ Польшѣ постоянно цар-
ствовала сословная рознь.

ческій диспотизмъ шляхетской касты. И на-
конецъ государственное развитіе Россіи, въ-
началѣ удаленной отъ арены политическихъ
интригъ западной Европы совершалось хотя
медленно и трудно, но вообще несравненно
самостоятельнѣй государственнаго развитія
Польши, вѣчно бывшей подъ вліяніемъ чу-
жеземныхъ интригъ.

Изъ всего этого и вышло тò, что извѣ-
стно цѣлому свѣту, то-есть что Польша, съ
своимъ аристократическимъ диспотизмомъ и
съ своими конфедераціями, послѣ всякаго ро-
да смутъ и *безплодныхъ* переворотовъ въ ея
государственномъ быту, дошла наконецъ до
безвыходной анархіи и лишь передъ своей
политической казнью, (передъ ея раздѣломъ)
ради эффекта, нарядилась въ либеральную
конституцію. . . .

И что между-тѣмъ пока Польша стра-
дала, изнемогала и пала подъ бреме-
немъ своихъ собственныхъ внутреннихъ
неурядицъ, — ся сѣверные родичи — крѣп-
коголовые Москали, съ ихъ «татарщи-
ной», построили себѣ *) такое политическое

---

*) Конечно пока еще только вчернѣ

зданіе, создали такое государство, на которое теперь можно-сказать ненаглядится и ненарадуется цѣлая Европа и которое на пути гражданскаго прогресса, недавно очень лестнымъ и далеко небезвыгоднымъ для себя образомъ, исправила *довольно замѣчательный* недосмотръ польской интеллигенціи по предмету *своевременнаго* улучшенія быта помѣщичьихъ крестьянъ въ Польшѣ.

Вотъ и все! Мы не отвергаемъ что у Польши были люди примѣрной военной храбрости, — были пылкіе и фанатическіе приверженцы и защитники извѣстныхъ интересовъ извѣстной касты, но истинныхъ патріотовъ. (цивистовъ,) и истинныхъ государственныхъ людей у Польши небыло и какъ показало послѣднее возстаніе — *нѣтъ* и теперь.

Въ самомъ дѣлѣ, что̀ такое патріотизмъ? — Вѣдь это конечно любовь къ *отечеству*. А что такое отечество? Конечно вѣдь не отдѣльная же каста, члены которой составляютъ самый малый численный процентъ въ общемъ населеніи своего государства — своего *отечества*? Съ другой стороны, чѣмъ выражается всякая любовь къ любимому предмету: добромъ или зломъ? Разумѣется вѣдь добромъ! А когда же и какое жъ добро дѣлало польское шляхетство всему польскому народу?

Вотъ неоспоримыя данныя, на основаніи которыхъ такъ-называемый «патріотизмъ польскаго шляхетства является чисто-егоистическимъ и при томъ *антипаріотическимъ* чувствомъ охраны узкихъ, исключительпыхъ интересовъ своей касты, *противныхъ интересамъ огромнаго большинства своихъ согражданъ.*

Говорятъ будто и въ Россіи было тожъ. Нѣтъ! въ Россіи тоже была подобнаго сорта уродливость, но уродливость совсѣмъ другая: каста бюрократическая. Политической же аристократіи тутъ вовсе небыло и крѣпостное право шло тутъ «отъ-верху до низу» такъ, что и самые владѣльцы крѣпостныхъ людей въ свою очередь были въ извѣстныхъ отношеніяхъ такими же *безправно-крѣпостными,* межъ-тѣмъ какъ польская аристократія *свободно* разыгрывала свои политическія фантазіи что называется à livre ouvert. Въ одномъ случаѣ патріотизмъ былъ подавляемъ изъ-внѣ, въ другомъ онъ былъ искаженъ въ себѣ-самомъ; поэтому-то мы и позволили себѣ сказать что у Польши небыло и людей государственныхъ, такъ-какъ безъ истиннаго патріотизма разумѣется нельзя было быть и особенно-полезными дѣятелями въ сферѣ обще-государственной жизни.

Мы впрочемъ не обвиняемъ въ этомъ тѣхъ членовъ польской аристократіи, которые родились и выросли въ такихъ неестественныхъ и въ такихъ *невозможныхъ для существованія цивилизованнаго государства* условіяхъ. Обычаи и привычки страшно искажаютъ понятія людей!........ Мы испытали это на самихъ-себѣ........ Къ томужъ развращенію гражданскихъ понятій польской аристократіи тоже содѣйствовали и *внѣшнія* вліянія: съ тѣхъ поръ какъ Римъ продалъ Польшѣ королевскую корону за динарій Святаго Петра, — католическое духовенство водворило въ Польшѣ своего рода феократизмъ, который тоже создалъ «государство въ государствѣ» и который по извѣстнымъ соображеніямъ и расчетамъ былъ прямо заинтересованъ въ томъ, чтобъ держать трудовое народное большинство въ полномъ безправіи и въ невѣжествѣ, — фанатизировать въ своихъ видахъ лю-

дей *) высшаго круга и всевозможными сред-
ствами противодѣйствовать всему тому, что
могло бы мѣшать, или препятствовать гос-
подству подобнаго порядка вещей.

Иначе впрочемъ не могло и быть: католи-
цизмъ какъ извѣстно всегда и вездѣ насиловалъ
государственную жизнь и никогда и нигдѣ
не уживался съ нормальнымъ развитіемъ
гражданственности. Это доказано Исторіей,
такъ-какъ уже не одно начинавшее разумно
цивилизоваться ех-католическое государство,
вынуждалось реформировать свою религію въ
тотъ или другой расколъ и оставлять фе-
ократическій католицизмъ за флагомъ......

Да, господство католицизма — синонимъ не-
нормальности цивилизаціи! Это еще и теперь
доказываютъ: Римская область, Испанія и
такъ-дальше. Самая колыбель католицизма,
Италія, была вынуждена подвергнуться рим-
ской анаѳемѣ для своего гражданскаго воз-
рожденія, а во Франціи католицизмъ теперь
доходитъ — и чуть-ли не дойдетъ — даже и
Наполеона III-го. Гдѣжъ было польской ши-

---

*) Особенно — что конечно гораздо легче — женщинъ

теллигенціи, опутанной съ головы до ногъ чужими интригами и глубоко погрязшей въ своихъ мелочныхъ внутреннихъ раздорахъ; разгадывать и побѣждать такого Вампира-Протея, который по словамъ Святаго Писанія «пришелъ въ одеждахъ овчихъ, а внутри себя былъ волкомъ-хищникомъ» . . . . .

Итакъ несомнѣнно, что польское государственное тѣло было убито наросщими на немъ паразитами, а эти паразиты были: шляхетская каста, Евреи и Ѳеократическій католицизмъ.

Второй фазъ польскаго вопроса. Когда Европа ясно увидѣла, что управлявшая независимой Польшей польская аристократія не обладала никакимъ здравымъ политическимъ смысломъ, — что пресловутая польская конституція, съ ея «pacta conventa» и «liberum veto», представляла верхъ политической нелѣпости и была положительно вредна не только для самой Польши, но даже и для сосѣднихъ съ Польшею государствъ, тогда Польша была лишена своихъ государственныхъ правъ и ее — какъ неспособную къ самостоятельности — раздѣлили между собой три извѣстныя европейскія державы.. Всѣ знаютъ, что по этому раздѣлу *чисто-русская* Галиція и поляно-славянская Познань переходили въ руки Готовъ и слѣдовательно отчуждались отъ своихъ одноплеменниковъ. Очевидно что со стороны Россіи такой актъ самъ по-себѣ уже былъ большимъ политическимъ промахомъ; но зло этимъ не ограничилось и между тѣмъ какъ разумные Нѣмцы, дѣйствуя въ своихъ національныхъ интересахъ, всячески старались опѣмечивать благопріобрѣтенныхъ ими Славянъ, Россія въ польскомъ вопросѣ скоро сбилась на такой ложный путь, который прямо противорѣчилъ ея собственнымъ выгодамъ. Съ окончаніемъ благодатнаго царствованія Великой Екатерины, осиротѣвшая Россія, — вмѣстѣ съ своей не напрасно-любимой царицей, — лишилась и своей національной политики, безъ которой разумѣется уже немогла ни развиваться, ни даже поддерживаться въ Россіи здоровая государственная жизнь......

Все пошло иначе... И вслѣдствіе странной игры судьбы и различныхъ враждебныхъ

Россіи иноземныхъ интригъ и происковъ, по-
кровителемъ польской самостоятельности сдѣ-
лался тогдашній русскій Императоръ Алек-
сандръ Павловичъ, который по свидѣтель-
ству Адама Черторыйскаго...*) нетолько буд-
то бы хвалилъ послѣдняго за его *польскій*
патріотизмъ, но даже и поощрялъ въ немъ
его *польско*-натріотическія тенденціи. Коне-
чно такое свидѣтельство можетъ быть и не
вѣрно; но факты уже немогутъ подлежать
никакому сомнѣнію — ихъ знаютъ всѣ.

Такимъ образомъ всѣмъ извѣстно, что изъ
области тѣней былъ вызванъ *призракъ* от-
рывка польскаго государства, и что этотъ
призракъ окрестили именемъ Царства Поль-
скаго. Фактъ совершился...... Что послѣ
этого оставалось дѣлать? Очевидно, что на-
до было или начать надъ призракомъ опы-
ты его воплощенія, (что впрочемъ было бы
столько же неразумно сколько и несбыточно)
или, убѣдившись въ несчастной ошибкѣ, пря-
мо и рѣшительно признать мертваго мерт-
вымъ и по праву родства, вступить въ пол-

*) Смотри «Revue de deux Mondes» Mai 1863.

ное обладаніе своей наслѣдственной собствен-
ностью (чтò было столько же исполнимо,
сколько и разумно). Но *такъ-какъ ни тò ни
другое не соотвѣтствовало цѣлямъ сосѣднихъ
иноплеменниковъ, — и такъ какъ тогдашняя по-
литика Россіи была не національной полити-
кой, — то вслѣдствіе чужихъ интригъ,* Россія
и созданная ею Польша постоянно оставля-
лись въ самыхъ неопредѣленныхъ и въ са-
мыхъ двусмысленныхъ другъ къ другу от-
шеніяхъ. Естественно что такое положеніе
дѣлъ породило извѣстныя «réveries» польска-
го шляхетства, и что эти «réveries» открыли
свой первый публичный дебютъ извѣстной
катастрофой 1830 года.

Казалось что первый польскій мятежъ
уже долженъ бы былъ вполнѣ вразумить
Россію, что Царство Польское — «нѣмецкая
штука» и что продолжая поддерживать преж-
ній порядокъ вещей въ русской Польшѣ,
Россія будетъ работать не на себя, а на дру-
гихъ. Такъ казалось съ начала и было по-
нято это дѣло: мятежъ былъ усмиренъ, —
у pseudo-Царства Польскаго были отняты
разные аттрибуты царскаго достоинства и

дѣятели мятежа подверглись, строгимъ наказаніямъ. Оставалось только кончать — хотя бы по примѣру добрыхъ сосѣдей...... Между-тѣмъ вышло совсѣмъ не то и подъ вліяніемъ иноземныхъ интригъ, дѣло стало еще хуже прежняго. Опять пошли въ ходъ обычныя *полу-мѣры*; польское шляхетство и польскіе Евреи были доведены нами до крайняго раздраженія, къ Польшѣ былъ приставленъ сильный военный караулъ и мы относились къ ней не какъ къ бунтовавшей и усмиренной русской области, а скорѣй какъ къ непріятельской землѣ, занятой нами *на-время*, для взысканія какой-нибудь военной контрибуціи.

Что могло для насъ выйти изъ подобнаго образа дѣйствій? Конечно ничего хорошаго. А кто былъ причиной этому?

Не сама ли *прежняя* Россія была виновата въ томъ, что призракъ польскаго государства еще могъ до сихъ поръ (на гибель многихъ) витать въ области ложно-патріотической поэзіи польской шляхты? Не *прежняя* ли Россія была виновата, что трупъ политическаго польскаго тѣла, уже на двѣ тре-

ти съѣденный *иноплеменниками*, еще могъ до
сихъ поръ быть бальзамированъ и гальвани-
зированъ иностранной интригой *единственно*
для того, чтобъ держать около этого трупа
толпы *легковѣрныхъ* поклонниковъ и стращать
имъ, какъ пугаломъ, своихъ *оплошныхъ* вра-
говъ? Да, только одно *прежнее* отсутствіе у
насъ національной политики могло производить
то, что оставаясь лишь «покорителя-
ми», мы до сихъ поръ не дѣлались *согражда-
нами* всего польскаго народа!..... Даже
больше: вслѣдствіе какой-то странной не-
брежности, мы — не изъ нужды, а по своей
волѣ — до сихъ поръ допускали (а порой
и поощряли!...) господство враждебныхъ
намъ элементовъ *во всѣхъ нашихъ западныхъ
окраинахъ* и оставляли эти окраины въ жерт-
ву всякаго рода интригъ, которыя возбуж-
дали тамъ противъ насъ и общее недобро-
желательство, и разныя непріязненныя де-
монстраціи; а со стороны польскаго шляхет-
ства, извѣстныя вооруженныя возстанія.

И хотя мы усмиряли эти возстанія, — хо-
тя мы успѣшно гасили пламя мятежей, *за-
ливая его съ обоихъ сторонъ одной и той же*

славянской кровью и оставались «побѣдителя-ми».... но чтòжъ выходило изъ этаго? — Довольствуясь своимъ *одностороннимъ* торже-ствомъ и *незавершая своихъ кровавыхъ воен-ныхъ распрей мирнымъ гражданскимъ сла-домъ*, мы, беспечно засыпая на лаврахъ, кажется и здѣсь безъсознательно справ-ляли обязанности тòй (упомянутой нами вы-ше) *аванпостной* службы, для продолженія которой дальнозоркая нѣмецкая интеллиген-ція рекомендуетъ намъ *теперь* уже другое, болѣе отдаленное поприще . . . .

Понятно что такой и подобный тому по-рядокъ дѣлъ *немогъ* вести ни къ чему кромѣ какъ къ подготовкамъ новыхъ, кровавыхъ столкновеній. И понятно *что было бы совер-шенно не тò, если бы наши національныя и потому побѣдоносныя войны, сопровождались мирной политикой такого же, а не инаго ха-рактера* . . . .

И мы совершенно увѣрены, что еслибъ только наша національная политика востор-жествовала прежде, — русская Польша ужъ давно была бы нераздѣльной частью Россіи и Русскіе и Поляки ужъ давно перестали бы *въ пользу другихъ и во вредъ для самихъ себя продолжать такое противоборство которому нѣтъ другаго нормальнаго исхода, кромѣ полнаго слiянiя обоихъ, напрасно-враждующихъ сторонъ* *).

Третiй фазъ польскаго вопроса. Послѣ восточной войны, нынѣшнiй Государь Россiи, движимый великодушными побужденiями дѣлать добро всѣмъ своимъ подданнымъ, положилъ обезоружить непрiязнь и вражду польскаго шляхетства къ старой Россiи новыми мѣрами милости — и милости были оказаны польскому шляхетству *самой щедрой рукой*. Но однажды допущенная ложность положенiя «царства» въ государствѣ, и здѣсь еще разъ доказала свою безусловную политическую вредность и свою практическую несостоятельность. И межъ-тѣмъ какъ Россiя нетолько безъ зависти, но даже соучастно смотрѣла на эти примирительныя мѣры, многiе изъ людей воспользовавшихся такими мѣрами незамедлили отплатить за сдѣланное

---

*) См. дальше, въ обзорѣ исходной стороны польскаго вопроса.

пмъ добро самымъ нечестнымъ вѣроломствомъ и самой черной неблагодарностью: катастрофа 1830 года повторилась и въ 1863 году.

Четвертый фазъ польскаго вопроса. Чтò такое было послѣднее польское возстаніе? Теперь члены образованной польской среды говорятъ, что *серіознаго* возстанія никакого небыло, а была *безразсудная* попытка *незначительной* партіи, *не во-время* затѣявшей свое дѣло. Это теперь: общій голосъ польскаго шляхетства. Разсмотримъ, чтò тутъ есть справедливаго и несправедливаго. Во первыхъ, было ли или небыло послѣднее польское возстаніе «серіозно»? — это такъ хорошо прочувствовали и Польша и Россія, что объ этомъ нечего и говорить. Во вторыхъ, мы совершенно согласны что попытка возтанія была «неразумна», такъ какъ *при разумной критикѣ подобныхъ затѣй, ихъ конечно никогда бы небыло*. Въ третьихъ, что касается до численной «незначительности» повстанской партіи, то если эту незначительность принимать по отношенію къ цѣлой Россіи, такъ тогда разумѣется и все польское шляхетство будетъ еще меньше чѣмъ незначительно; во всякомъ же другомъ смыслѣ, о «незначительности» повстанской партіи *можно говорить только шутя*. И въ четвертыхъ, мы согласны и съ тѣмъ, что дѣло послѣдняго польскаго возстанія было затѣяно «не во время»; но въ какомъ смыслѣ — не во время? Конечно вѣдь не въ томъ же смыслѣ, что большая часть польскаго шляхетства *не приготовлялась изо всѣхъ силъ къ этому возстанію?* Обширность предварительныхъ демонстрацій въ продолженіи довольно долгаго времени и еще большая, *фактически-доказанная обширность повстанскаго заговора* — конечно недопускаютъ подобнаго предположенія. Итакъ въ какомъ же смыслѣ возстаніе 1863 года было предпринято польскими революціонерами не во время? — Оно было предпринято не во время въ смыслѣ *неблагопріятныхъ для него внѣшнихъ условій,* которыхъ непредвидѣла — хотя бы отчасти и могла предвидить — польская интеллигенція.

Первое, въ чемъ польская интеллигенція ошиблась, это въ обѣщаніяхъ Франціи. Великій Идеалистъ волей-неволей надулъ поль-

скихъ революціонеровъ, хотя при этомъ ра-
зумѣется онъ ненадулъ самаго-себя. Онъ все-
таки въ извѣстной мѣрѣ достигъ *своей выго-
ды:* обѣщанная польскому шляхетству «до-
статочная» безкорыстная помощь хотя и
осталась обѣщаніемъ, зато, въ замѣнъ эта-
го, опасная Россія была *достаточно* потря-
сена кровавой междоусобной смутой славян-
ской расы, межъ-тѣмъ какъ Франція — при
помощи русскихъ пуль, штыковъ и Сибири —
благообразно отдѣлалась отъ нѣкоторыхъ
безпокойныхъ и сомнительныхъ для нея
личностей. Разсчетъ очевидно разумный и съ
романской точки зрѣнія, заслуживающій вся-
кихъ похвалъ. Кто себѣ врагъ? И здѣсь
странно не то, что очень разсудительный
человѣкъ поступилъ очень разсудительно, а
то что находились люди, которые серіозно
вѣрили, что такой человѣкъ можетъ посту-
пать безразсудно и безъ всякой необходимо-
сти ввязываться въ *чужія, рискованныя* пред-
пріятія. Понятно что науськать на «Медвѣ-
дя» «Бульдога» — одно дѣло; а схватиться
съ «Медвѣдемъ» самому — другое . . . .

Но Наполеонъ III-й безъ сомнѣнія былъ
бы непрочь и даже *очень* непрочь занять
Рейнскія провинціи французской арміей, —
подъ предлогомъ выручки Польши изъ «Мед-
вѣжьихъ лапъ». Только жаль что нашлись на
свѣтѣ люди, понимающіе иныя дѣла нехуже
самаго Наполеона III-го. Англія была съ-бо-
ку и какъ ей ни хотѣлось полюбоваться на
«Медвѣжью Охоту» со-стороны, однакожъ по
инымъ болѣе-вѣскимъ соображеніямъ, новый
подвигъ безкорыстнаго рыцаря остался
въ области «идей»..... Затѣмъ Пруссія,
уже подбиравшаяся къ голштинскому призу
и опасавшаяся безпорядковъ въ Познанскомъ
округѣ, сочла за лучшее стать за Россію
горой, что̀ она и сдѣлала — въ своихъ соб-
ственныхъ интересахъ. Наконецъ Австрія,
какъ политическій хамелеонъ присяжнаго
ранга хотя сначала такъ-сказать *инстинк-*
тивно отъ насъ и посторонилась, но уви-
дѣвши что гроза Запада разрѣшается дож-
демъ фразъ, — и что между тѣмъ Гали-
цію можно потерять гораздо раньше, чѣмъ
дадутъ Молдавію и проч. — тотчасъ же прим-
кнула къ дѣлу Россіи.

Таковы были непредвидѣнныя для поль-
скихъ революціонеровъ отношенія иностран-
ныхъ государствъ къ послѣднему польскому
возстанію. Но здѣсь необходимо замѣтить,
что бо́льшая часть означенныхъ отношеній
установилась вслѣдствіе такого обстоятель-
ства, котораго не предвидѣли не только поль-
скіе революціонеры, по даже и самые ихъ
руководители......... Дѣло произошло такъ:
извѣстно что западная Европа, такъ долго
и такъ-*соучастно* слѣдившая за ненаціональ-
ностью прежней русской политики всегда
съ особеннымъ удовольствіемъ замѣчала, что
русскій народъ по-видимому совершенно пас-
сивно относился къ такому болѣзненному
отправленію своей государственной жизни.
Вслѣдствіе этого наблюденія — а также и
вслѣдствіе нѣкоторыхъ другихъ, подобныхъ
тому предположеній, соображеній и дан-
ныхъ — западная Европа наконецъ пришла
къ заключенію, что Россія *уже достаточно
подготовлена* къ своему внутреннему разло-
женію, и что ее, какъ монгольскую дер-
жаву, *пора* теперь спровадить изъ Европы —
«домой» — въ Азію. А чтобъ опытъ такихъ

проводовъ не надѣлалъ—въ случаѣ его (неудачи—хлопотъ самимъ проводникамъ и чтобъ онъ обошелся какъ можно выгоднѣй — было рѣшено попробовать «загрести жаръ чужими руками», для чего собственно и устроилось польское возстаніе 1863 года.

Но извѣстно что заключеніе западной Европы о внутреннемъ разложеніи Россіи на дѣлѣ не оправдалось. Общій голосъ русскаго народа,— тотъ голосъ, значеніе котораго хотя и извращалось *по-заказу* въ тогдашней заграничной печати, но который въ дѣйствительности *только отчасти* былъ выраженъ въ вѣрноподданническихъ адресахъ Государю Императору,—громко заявилъ себя противъ всякаго посягательства на нарушеніе единства и цѣлости Русской Имперіи.

И общій русскій голосъ разумѣется *не могъ выражать ничего другаго:* Россія ужъ столько принесла жертвъ (и всякой нудой и кровью и деньгами) своему общему русскому дѣлу,—и ужъ такъ-осязательно извѣдала государственную вредность своей прежней, ненаціональной политики, — что для защиты цѣлости и единства своего государства истинно была, какъ конечно и всегда будетъ, поголовно готова на все.

Вотъ какихъ *неблагопріятныхъ для себя внѣшнихъ условій* не предвидѣла шляхетская польская интеллигенція. И въ этомъ смыслѣ совершенно справедливо, что дѣло послѣдняго польскаго возстанія *было затѣяно не во-время*, то-есть, говоря опредѣленнѣй, оно *(къ нашему счастью)* было затѣяно немного рано, или преждевременно. Это дѣйствительно такъ. И едва ли кто назоветъ парадоксомъ тó мнѣніе, что только одна *нетерпѣливая поспѣшность*, или одна *невыдержка* западной Европы, обусловила ускореніе выгодной для Россіи постановки польскаго вопроса и (что уже *безмѣрно-важнѣй)* вынудила Россію, такъ сказать, рáзомъ отступить отъ той бездонной пропасти, на краю которой она уже стояла одной ногой... Да, тá спасительная минута, въ которую «Люди Божіе» русской земли ясно увидѣли передъ Россіей эту пропасть, отмѣтится неизгладимой, свѣтлой чертой въ лѣтописяхъ нашего отечества.

Но понятно, что такой оборотъ дѣла нисколько не зависѣлъ отъ польскихъ револю-

ціонеровъ, *которые .съ своей стороны сдѣла-
ли все*, чтобъ втянуть какъ можно скорѣй
*Россію въ эту бездонную пропасть, куда впро-
чемъ, не замедлили бы провалиться и сами По-
ляки*, такъ-какъ наши *иноплеменники* тор-
жественно признаютъ Славянъ неспособными
къ государственной самостоятельности, а рус-
скую націю — съ извѣстнымъ умысломъ —
обзываютъ націей неславянской.

**Исходная или конечная сторона
польскаго вопроса.** При обзорѣ второго
фаза этого вопроса, мы уже высказали тô
мнѣніе, что еслибы Россія и прежде слѣдо-
вала чисто-національной политикѣ, то рус-
ская Польша ужь давно была бы чис-
то-русской областью и Русскіе и Поляки
ужь давно перестали бы *въ пользу другихъ
и во вредъ для самихъ себя* продолжать та-
кое противоборство, которому *нѣтъ другаго
нормальнаго исхода, кромѣ полнаго сліянія об-
ихъ напрасно-враждующихъ сторонъ.* Итакъ
исходной точкой, или окончательной развяз-
кой польскаго вопроса должно быть *полное,
государственное и гражданское сліяніе Россіи*

и *Польши—Русскихъ и Поляковъ.* Передаемъ на судъ всѣхъ и каждаго тѣ основанія, по уваженію которыхъ мы находимъ такой исходъ обоюдно - выгоднымъ, и не только въ интересахъ своего государства, но и въ интересахъ своего племени, предпочитаемъ такой исходъ всѣмъ другимъ.

Во-первыхъ (и прежде всего) чтò бы ни сулили польскимъ революціонерамъ ихъ *ложные* друзья, или (чтò одно и тò же) *истинные* враги Россіи, но надо — согласитесь — совершенно потерять голову, чтобъ вѣрить, (особенно теперь) что подобные посулы могутъ когда нибудь осуществиться въ смыслѣ извѣстнаго идеала польскихъ «мечтателей». Полагаемъ, что противъ этого не станетъ спорить *серіозно* ни одинъ человѣкъ, обладающій здравымъ смысломъ и *достаточнымъ знаніемъ* не тѣхъ мнимыхъ вѣроятностей на успѣхъ, — не тѣхъ «воздушныхъ замковъ», которые существуютъ только въ одномъ воображеніи, — но тѣхъ *дѣйствительныхъ и буквально-неодолимыхъ препятствій, которыхъ ни въ какомъ случаѣ нельзя обойти при реализаціи помянутаго идеала.* Мы говоримъ это въ

4

полной, непоколебимой увѣренности, что *вся-
кая новая попытка польскихъ революціонеровъ
къ отдѣленію Польши отъ Россіи, неизбѣжно
залилась бы новыми ручьями славянской крови
и неизбѣжно имѣла бы одинъ и тотъ же из-
вѣстный конецъ*, такъ-какъ въ настоящее вре-
мя даже уже *несмыслимо*, чтобъ пятидесяти-
милліонный, *чисто-русскій* пародъ — народъ
призываемый теперь его національнымъ пра-
вительствомъ къ лучшей гражданской жизни
и къ участію въ заботахъ объ устройствѣ
своей будущности, могъ допустить *кого бы
то ни было* до нарушенія цѣлости и единства
своего государства, на созданіе котораго онъ
употребилъ цѣлые вѣка тяжкихъ трудовъ, за
охрану котораго онъ пролилъ цѣлыя рѣки
своей крови и котораго — *даже и при преж-
нихъ, несравненно меньше благодріятныхъ внут-
реннихъ условіяхъ* — до сихъ поръ не могла
(*а впередъ и подавно неможетъ*) не только со-
крушить. но даже и поколебать никакая
открытая вражеская сила. Это одна сторона
вопроса.

Съ другой стороны, если смотрѣть на дѣ-
ло здраво и серіозно — *безъ легкомысленныхъ*

*увлеченій тѣми иллюзіями, которыя невыдер-
живаютъ никакой разумной и свѣдущей кри-
тики,* то Россія все-таки является *единствен-
нымъ* государственнымъ тѣломъ, въ которомъ
Славяне могутъ считать себя дѣйствительно
безопасными отъ политически-убійственнаго
для нихъ поглощенія ихъ *иноплеменными* на-
родами. Россія все-таки составляетъ *единст-
венный,* самостоятельный и благонадежный
корень, на которомъ могутъ возрастать и
національная слава и національное могуще-
ство славянскаго племени. И когда подума-
ешь *сколько* въ этомъ отношеніи было упу-
щено нами самими, Русскими, и какъ въ
сущности *невелики* были бы съ нашей сторо-
ны жертвы и усилія, способныя вмѣсто от-
талкиванія отъ насъ привлекать къ намъ
нашихъ одноплеменниковъ, такъ становится
грустно объ этомъ вспоминать. Да...И
впечатлѣніе такого воспоминанія было бы
для насъ даже тягостнымъ, еслибъ не наша
вѣра въ то, что мы, Русскіе, еще не поте-
ряли возможности исправить бо́льшую часть
ошибокъ нашего прошедшаго. И такъ-какъ
обстоятельства теперь перемѣняются къ луч-

шему и политика Россіи уже начинаетъ принимать свой естественный національный характеръ, то можно надѣяться, что *въ виду уніонистскихъ стремленій сосѣднихъ намъ ино-племенниковъ*, *и особенно въ-виду такъ-за-мѣтно усиливающейся нѣмецкой пропаганды на Востокъ*, объединительное сліяніе Россіи и Польши можетъ совершиться въ самомъ недалекомъ будущемъ.

А до тѣхъ поръ всѣмъ и каждому изъ благоразумныхъ Русскихъ и Поляковъ *необ-ходимо серіозно думать и заботиться о томъ, чтобъ въ своей несчастной, привычной игрѣ,* (которую мы затрудняемся назвать по имени) *обоимъ не проиграться въ пользу общей* доб-рой *сосѣдки* — *Германіи* ...... Да, герма-низація Славянъ уже нечета «Медвежьимъ Лапамъ» и шляхетскимъ польскимъ тенден-ціямъ: это уже не поэзія, а дѣйствитель-ность ...

Осторожно, шагъ за шагомъ, но настой-чиво, не останавливаясь, идетъ на Сла-вянъ этотъ мирный завоеватель — *онѣмече-ніе славянскаго племени*. Это явленіе несо-мнѣнный фактъ!... Какъ же относятся къ этому явленію Славяне? Простительно ли людямъ, принадлежащимъ къ одному изъ многочисленнѣйшихъ европейскихъ племенъ, оставаться равнодушными къ своимъ общимъ *племеннымъ* интересамъ?.....

Конечно мы не можемъ очень строго обвинять Галицію или Познань, за ихъ пассивныя отношенія къ своей германизаціи. «Одинъ въ полѣ не воинъ», говорятъ.... Но можно ли не винить въ этомъ отношеніи *прежнюю* Россію? Кому неизвѣстно, какой гостепріимный пріютъ и какіе знаменитыя факторіи имѣло *прежде* общество германизаторовъ въ Россіи? Да, *прежде*, какъ это еще не очень давно было объявлено русскимъ государственнымъ канцлеромъ (о чемъ уже было замѣчено въ нашей печати, [*]) Россія жертвовала для Германіи своими матеріальными и нравственными интересами... Мы не будемъ комментировать этого заявленія: что̀ было, то̀ прошло; но въ отношеніи обсуждаемаго нами польскаго вопроса мы не можемъ не замѣтить, что такая *прежняя*, совершенно ис-

---

[*] См. «Московскія Вѣдомости» за 1865 годъ.

ключительная и *не только безкорыстная, но
даже самоотверженная* пріязнь Россіи къ Гер-
маніи, была между прочимъ *главной* причи-
ной неладицы между Поляками и Русскими.

Извѣстно, что если Поляки противъ Рус-
скихъ, то они еще гораздо больше противъ
Нѣмцевъ; и это очень натурально' потому что
Польша несравненно раньше, и *пока еще мож-
но это сказать*: не въ примѣръ чувствитель-
нѣй Россіи, извѣдала сосѣдскую дружбу гот-
скаго племени .. Понятно, поэтому, какъ долж-
на была *возрастать* непріязнь къ намъ образо-
ванной польской среды, въ виду *столь-неесте-
ственной и столь-опасной для славянской Поль-
ши* солидарности прежней русской политики
съ извѣстными интересами тѣхъ *иноплемен-
ныхъ* государствъ, которыя уже завладѣли «за
здорово-живешъ» бо̀льшей частью Польши и
уже онѣмечили значительное число польскихъ
Славянъ.

Но теперь, съ нормалированіемъ русской
политики, условія исполненія нѣмецкой «зада-
чи» очевидно должны измѣниться ... Какъ
произойдетъ это измѣненіе — Богъ-знаетъ!
Теперь мы видимъ только то̀, что охраб-

рѣвшая . Пруссія начинаетъ заводить по этой части болѣе открытую игру, между тѣмъ какъ Австрія, до полусмерти заплясавшаяся въ своихъ политическихъ «potpourris» и въ настоящую минуту готовая на самый отчаянный «entrechat» по проекту Великаго Идеалиста, еще продолжаетъ фокусничать и задобривая галиційскихъ Поляковъ временной поддержкой ихъ призрачной національности, мѣтитъ достигнуть этимъ фокусъ - покусомъ двухъ другихъ цѣлей, именно: вредной для Россіи *затяжки* польскаго вопроса и полезной для одной Австріи *разладицы* между польскими и русскими Галичанами — *чтобъ лучше забрать въ нѣмецкія руки тѣхъ и другихъ.*

Вотъ «Сфинксъ», грозящій поглощать Славянъ заживо! вотъ бездна, въ которой можетъ безповоротно и безслѣдно исчезнуть съ лица земли та или другая часть славянскаго народа, *разныя отрасли котораго досель такъ заботливо разъединяются между собой иноплеменными интригами* ... Чтобъ не видать этого, надо быть или обманутымъ, или слѣпымъ. Вспомните, съ какимъ дружнымъ

ожесточеніемъ возстала на Россію западная
Европа передъ восточной войной! Эта война
объявлялась во имя дружеской помощи и
рыцарской защиты обиженной Турціи; но
было ясно, что коалиція нашихъ *иноплемен-
никовъ* составилась вслѣдствіе ихъ общихъ
опасеній возраставшаго вліянія Россіи на
южныхъ Славянъ. Было ясно, что изъ-за этихъ
опасеній, достойные вожди цивилизаціи *не
устыдились* поддержать господство свирѣпаго
магометанскаго фанатизма надъ угнетенны-
ми и беззащитными турецкими христіанами,
чтобъ только эти христіане не освободились
преждевременно изъ-подъ чужаго ига при
содѣйстіи *родственной-имъ* Россіи. И мало ли
было чего подобнаго! ... Но мы, Славяне,
вообще очень наивно относимся къ поли-
тикѣ. *)

Вотъ напримѣръ теперь у насъ на гла-
захъ начинается торгъ о соединеніи Венеціи
съ Италіей, за *отдачу* Австріи южныхъ Сла-
вянъ. Мы всѣ видѣли какъ Итальянцы, при
помощи сильнаго ихъ *одноплеменника,* вы-

---

*) Говорятъ, что это нашъ *племенной* порокъ. Нѣтъ,
это порокъ *бытовой;* онъ пройдетъ, со временемъ.

рвались изъ пасти «Германскаго Сфинкса» и какъ они, какъ люди *практически-разумные*, тотчасъ же уничтожили у себя тотъ внутренній сепаратизмъ, который былъ *единственной* причиной общей ихъ слабости. Мы всѣ видѣли что *Итальянцевъ спасло ихъ племенное единодушіе*. У Нѣмцевъ осталась одна *итальянская* Венеція, и Романы вымѣниваютъ ее теперь, у Готовъ, на *чужихъ*. Славянъ при этомъ не спрашиваютъ, хотятъ или нѣтъ они онѣмечиваться? Пусть и такъ: всякій думаетъ о самомъ себѣ; а съ мелкими славянскими народностями, безъ защиты Россіи, конечно никто не станетъ церемониться. Пусть! Но чтȏжь дѣлаютъ галиційскіе Поляки, въ виду такого торга ихъ *одноплеменниками*? Они чуть не рады помогать *чужимъ* за тȏ, что эти чужіе обѣщаютъ потѣшить ихъ новой кровавой рѣзней съ *своими!*.... Не правда ли, какъ это дальновидно?—въ смыслѣ той *самохранительной защиты общихъ племенныхъ интересовъ, безъ которой всѣ нѣмецкіе и турецкіе Славяне «не нынче—завтра» неминуемо будутъ онѣмечены и такимъ образомъ навѣки исчезнутъ съ лица земли.*

Да и пора бы, кажется, ознакомиться съ истинымъ характеромъ австрійской политики и еще больше, пора бы убѣдиться въ томъ, что на австрійскихъ посулахъ «далеко не уй-дешь» ... А между-тѣмъ вѣдь совсѣмъ не лестно въ десятый разъ попадаться въ одинъ и тотъ же просакъ ... И не уж-то въ самомъ-дѣлѣ можно серіозно пред-полагать, что политика Австріи примира-лась съ идеей *разноплеменной государствен-ной федераціи?* Вѣдь это *невозможно* уже по-тому, что такая федерація была бы явнымъ самоубійствомъ и для австро-нѣмецкаго влады-чества и для Австрійскаго гогударства. И какъ бы ни любилъ теперешній другъ Австріи об-разованіе «федеративныхъ союзовъ» въ *чужихъ* государствахъ, по Австрія, зная эту «слабую струну» Наполеона III-го, скорѣй сто разъ надуетъ и его и цѣлый свѣтъ, чѣмъ рѣшит-ся *завѣдомо* наложить на себя свои собствен-ныя руки. Это ясно какъ день. *) И въ

---

*) Наконецъ, еслибъ въ крайнемъ случаѣ Австрія была вынуждена Венгріей къ добросовѣстности, то тогда изъ Австріи нѣмецкой сдѣлалась бы Австрія мадьярская и австрійскіе Славяне «попали бы изъ огня въ полымя», а

самохранительныхъ видахъ, Австрія пред-
принимаетъ теперь очень искусный манёвръ.
Очевидно, что при теперешнихъ обстоятель-
ствахъ, ей становится трудно управлять въ
своихъ цѣляхъ дальнѣйшимъ ходомъ *страв-
ливанія* своей *иноплеменной* Венгріи съ дру-
гими, сравнительно слабѣйшими своими *ино-
племенниками*. Поэтому дѣлается необходимымъ
новый «Künststück», для выполненія котораго
Австрія и начинаетъ умасливать *своими по-
сулами* Мадьяръ, чтобъ они поусерднѣй по-
могли ей перелѣзть имъ «черезъ голову» и
слегка пораздвинуться на Востокъ. А какъ
скоро этотъ манёвръ удастся—«дѣло будетъ
въ шляпѣ», потому что Австрія, для уравне-
нія силъ своихъ *иноплеменныхъ* борцовъ, не
замедлитъ тогда притравить Венгрію и съ
другаго бока латинскими Молдаванами или
семьей южныхъ Славянъ. Венецію же для
Австріи тѣмъ легче промѣнять Романамъ, что
Венецію какъ извѣстно было бы совершенно
напрасно вовлекать въ ту гладіаторскую игру,

австрійскіе Поляки очутились бы подъ властью Венгріи,
которая нѣкогда была подъ властью Польши и которая
конечно помнитъ свою Исторію ....

на которой основано господство австрійскихъ Нѣмцевъ надъ австрійскими *иноплеменниками* и которая 'разумѣется будетъ продолжаться до тѣхъ поръ, пока эти *иноплеменники* или образумятся, или онѣмечатся.

Здѣсь мы опять обратимъ вниманіе нашихъ читателей на русское дѣло, какъ на дѣло общеславянское. *)

Мы знаемъ что многіе представители прочихъ славянскихъ народностей чуждались и чуждаются Россіи *по извѣстнымъ, старымъ предубѣжденіямъ*....... Мы согласны что всякій виноватъ самъ, если отъ него сторонятся *всѣ* и что «насильно никому милъ не будешь».... но все это было совершенно справедливо *прежде* и все это начинаетъ терять и непремѣнно скоро потеряетъ всякую справедливость *теперь*. Это не фраза, а истина! И мы считаемъ себя счастливыми, имѣя *основательное* право сказать, что *теперешняя* Россія гораздо рѣшительнѣй и

_____

*) Мы вовсе несчитаемъ и недумаемъ считать за *криминалъ* своихъ заявленій въ пользу панславизма, хотя *прежде* въ нашей публицистикѣ доходило между прочимъ и до этого!....

невпримѣръ добросовѣстнѣй всякой Австріи
вступаетъ на путь нормализаціи своей госу-
дарственной и гражданской жизни. Это ви-
дятъ, или по крайней мѣрѣ могутъ видѣть,
и всѣ наши одноплеменники. А при такомъ
оборотѣ дѣла, *улучшеніе* общихъ родствен-
ныхъ отношеній нашихъ одноплеменниковъ
къ Россіи, очевидно прежде всего принесло
бы пользу тѣмъ, которые стали бы дѣйство-
вать въ смыслѣ бо́льшей консолидаціи сво-
ихъ *племенныхъ* интересовъ съ русской на-
ціональностью, такъ-какъ подобный образъ
дѣйствій всего вѣрнѣй обезопасилъ бы эти
интересы отъ всякихъ посягательствъ на
нихъ со стороны нашихъ *иноплеменниковъ*.
Это очевидно; дѣйствуя же иначе, сопле-
менники славянской Россіи сами отнимали
бы у ней средства имъ помогать.

Наконецъ, польскому шляхетству вовсе не
слѣдуетъ враждовать противъ *теперешней* Рос-
сіи за ея прямыя *(положительно-необходимыя)*
мѣры къ скорѣйшему разрѣшенію несчастнаго
польскаго вопроса въ общеславянскихъ инте-
ресахъ: кто̀ теперь невидитъ что польскій воп-
росъ былъ искусственной язвой на славянскомъ

тѣлѣ; язвой, которая была привита и которая постоянно растравлялась *интригами иноплеменниковъ*, находившихъ и находящихъ огромныя для себя выгоды въ разъединеніи и въ ослабленіи славянскаго племени его семейной враждой?..... Кто̀ теперь не убѣжденъ, что *вмѣстѣ* всѣ Славяне будутъ и цѣлы и сильны, а *врознь*—многихъ изъ нихъ *непремѣнно* поглотаетъ «Германскій Сфинксъ?... И уцѣлѣвшіе Поляки разумѣется прежде многихъ могутъ испытать такое удовольствіе, потому что всѣ *чужія* обѣщанія—пустыя заманки. а «разноплеменный федерализмъ» въ Европѣ—политическій обсурдъ. Итакъ «point de rêveries»!... и всѣмъ частнымъ (*неосуществимымъ*) желаніямъ и цѣлямъ, *необходимо* подчиниться общимъ (*осуществимымъ*) племеннымъ потребностямъ.

А польскому хляхетству русскаго подданства, *необходимо* въ этомъ отношеніи *вполнѣ и добросовѣстно подчиниться государственнымъ потребностямъ славянской Россіи.* И мы находимъ, что въ собственныхъ интересахъ этого хляхетства, первый (серіозный) его шагъ къ гражданскому сближе-

нію съ русской націей, долженъ состоять въ
рѣшительномъ отступленіи отъ всякихъ не-
пріязненныхъ демонстрацій противъ Россіи и
Русскихъ: это прежде всего. Только здѣсь, для
добраго начала, *необходимо чтобъ отказъ отъ
такихъ демонстрацій былъ искренъ*. Теперь не
къ тому ужъ идетъ, чтобъ могли быть умѣстны
какія бы то нибыло мистификаціи: цѣлую на-
цію—и притомъ націю сильно заинтересован-
ную въ дѣлѣ, ужъ нельзя обморочивать, какъ
морочатъ людей больше или меньше индиффе-
рендныхъ къ дѣлу. Мистификаціи кончились!...
Съ другой стороны всякіе дальнѣйшіе знаки
непріязни, *продолжающейся безъ цѣли и безъ
смысла*, кромѣ всего другаго, были бы явле-
ніемъ обиднымъ уже для самого польскаго,
но не для русскаго общества.

Конечно все это мы говоримъ въ отноше-
ніи людей больше или меньше благоразум-
ныхъ, такъ-какъ люди предавшіеся слѣпымъ
страстямъ — люди потерянные и объ нихъ
говорить нечего. Здѣсь можетъ быть только
одинъ вопросъ: какой процентъ, или какая
часть польской шляхты, принадлежитъ къ
людямъ послѣдней категоріи? Но такой во-

просъ можно разрѣшить только путемъ *но-ваго раціональнаго* опыта, потому что здѣсь трудно судить о будущемъ, на основаніи прошедшаго, которое какъ извѣстно скорѣй благопріятствовало, чѣмъ противодѣйствовало сепаратистскимъ или революціоннымъ шляхетскимъ тенденціямъ. Это безспорно такъ; но еслибъ наконецъ даже и все польское шляхетство состояло изъ людей совершенно потерянныхъ, такъ и тогда Россіи небыло бы разумѣется ни малѣйшаго основанія отступаться отъ той или другой части своей государственной территоріи, изъ-за пустыхъ затѣй какой нибудь малочисленной касты,—изъ-за горсти людей, которые впрочемъ скорѣй сбиты съ толку, чѣмъ лишены — какъ наивно увѣряютъ добрые сосѣди—здраваго разума.

Мы дѣлаемъ это замѣчаніе собственно потому, что у насъ теперь въ нѣкоторыхъ кругахъ какъ бы вошло въ порядокъ вещей, при всякомъ случаѣ *говорить и писать о Полякахъ какъ объ какихъ нибудь чуждыхъ Россіи иностранцахъ, которыхъ мы нечаемъ сбыть съ рукъ*. Такое явленіе вовсе не нормально! И если тутъ со стороны однихъ — необдуманныя увлеченія, — со стороны другихъ—ложно-патріотическое кокетство, — то со стороны третьихъ, тутъ можетъ быть и очень вредный, преднамѣренный умыселъ.... Во всякомъ случаѣ очевидно, что подобнымъ порядкомъ дѣйствій мы сами нѣкоторымъ образомъ *обособляемся* отъ тѣхъ людей, которыхъ осуждаетъ и преслѣдуетъ за ихъ безразсудныя стремленія *обособиться* отъ насъ.....

Всѣмъ извѣстно, что тѣ члены польскаго шляхетства, которые завѣдомо-враждебно относились иль относятся къ Россіи, теперь уже признаны опасными жильцами въ западныхъ русскихъ губерніяхъ. Это мѣра совершенно разумная; *но развѣ польскій вопросъ исчерпывается для Россіи тѣми мѣстностями, до которыхъ, какъ до мѣстностей непольскихъ, этотъ вопросъ по настоящему вовсе и не относится? Почему-жъ* самая русская Польша не такая же русская область, какъ Бѣлоруссія, Подолія, Волынь, Литва и проч.? Развѣ польское шляхетство — польскій народъ? Даже больше: развѣ это шляхетство ближе къ польскому народу, чѣмъ напримѣръ къ народу литовскому.? Конечно нѣтъ! И конечно Россія высказала бы *самую неумѣстную* скромность, еслибъ рѣшилась удовлетвориться *нерусскимъ* толкованіемъ польскаго вопроса. Тогда разумѣется *о русско-польскомъ сліяніи, какъ о фактическомъ государственномъ объединеніи Россіи и Польши* не было бы и рѣчи, между тѣмъ какъ очень понятно, что объ этомъ-то для Россіи *въ польскомъ вопросѣ* и должна быть главная рѣчь. *Вѣдь не сбираемся же мы въ самомъ дѣлѣ мстить Польшѣ* за ея участія въ «Медвѣжьей Травлѣ», тѣмъ, чтобъ ее какъ говорится «на отдѣлку» затравить «Германскимъ Сфинксомъ?.... Это было бы для Россіи ужъ *слишкомъ постыдно* и *черезъ чуръ убыточно....* Кажется ужъ очень довольно и того, что этотъ «Сфинксъ», въ сѣрое время русской національной жизни, успѣлъ полакомиться славяниной въ Познани и даже въ *Галиціи.....* этого кажется ужъ *очень довольно!....*

Итакъ *польскій вопросъ для Россіи долженъ быть въ самой Польшѣ, а не въ русскихъ губерніяхъ,* составляющихъ наши западныя окраины, на которыя впрочемъ, тоже, уже посматриваетъ однимъ глазомъ достопочтенный «Германскій Сфинксъ».....

Какъ Русскіе въ душѣ, мы отъ всей души радуемся бо́льшому и бо́льшему внесенію *интеллектуальнаго* русскаго элемента въ нашъ западный край, точно-также какъ и въ самую Польшу; но еслибъ отъ насъ зависѣлъ выборъ между увеличеніемъ тамъ землевладѣльческаго элемента *иноплеменнаго* — именно *немецкаго*, или оставленіемъ прежняго — польскаго, то мы, по многимъ уважительнымъ соображеніямъ, поколеблясь сказали бы, лучше пусть это дѣло остается по старому: лучше пусть тамъ *продолжаетъ* пропагандировать матеріально - и - нравственно - малосильная горсть польской шляхты, чѣмъ *начнетъ* пропагандировать цѣлая Германія..... Сохрани Богъ!.....,

Но между тѣмъ, въ національныхъ интересахъ Россіи, ни въ какомъ мѣстѣ ея государственной территоріи не должно быть терпимо никакихъ, ни польскихъ, ни нѣмецкихъ, (*особенно!*) ни всякихъ другихъ *антирусскихъ* пропагандъ. *Это для насъ условіе самой великой важности*: это для насъ вопросъ «быть, или небыть»?..... Изъ этого попятна *совершенная необходимость* самой настойчивой и самой неослабной строгости нашего правительства, въ преслѣдованіп извѣстныхъ сепаратистскихъ стремленій нѣкоторыхъ партій, злоумышляющихъ нарушить безразличное единство и цѣлость Русской Имперіп. Да, здѣсь дѣйствительно *совершенно необходимы*: и самыя настойчивыя преслѣдованія и самая неослабная строгость; такъ-какъ здѣсь, *безъ кореннаго уничтоженія зла, нечего ждать и добра.* Это уже доказали намъ паши прежніе опыты......

И такъ-какъ въ отношеніп польскаго вопроса русское общество, какъ само-собой разумѣется, должно и съ своей стороны *единодушно и всѣми силами стремиться къ тому, чтобъ этотъ вопросъ былъ разрѣшенъ неиначе какъ въ національныхъ русскихъ интересахъ,* то всѣмъ русскимъ людямъ непремѣнно должно идти обруку со всѣми тѣми мѣрами своего правительства, которыя прямо клонятся къ разрѣшепію польскаго вопроса въ означенномъ смыслѣ.

Въ частныхъ же нашихъ сношеніяхъ съ чле-
нами образованной польской среды, намъ надо
помнить поговорку: «по платью встрѣчаютъ, по
уму провожаютъ». И хоть «платье» польскаго
покроя мы и можемъ «встрѣчать» какъ платье
своихъ согражданъ, но если въ русскомъ под-
данномъ-Полякѣ мы замѣтимъ недруга рус-
скому дѣлу, то мы обязаны тотъ-часъ же
открыто высказать такому человѣку свое по-
рицаніе его мнѣній или дѣйствій, против-
ныхъ интересамъ нашего отечества. И это
каждый, достойный своего имени Русскій, не-
премѣнно долженъ дѣлать всякій разъ, по-
тому что здѣсь если и могутъ быть дурны
необдуманные нападки, то еще несравненно
хуже — *необдуманныя снисхожденія*.....

Глядя на такія снисхожденія, люди не-
притворно потерявшіе вѣру въ возможность
у насъ *лучшаго* порядка дѣлъ, и люди жела-
ющіе отнимать такую вѣру у другихъ, обык-
новенно говорятъ, что при сближеніи Рус-
скихъ съ Поляками Русскіе гораздо скорѣй
ополчатся сами, чѣмъ обрусятъ Поляковъ. Это
самыя пустыя опасенія! Всѣ хорошо знаю-
щіе руссій народъ могутъ смѣло поручиться,

что *Россію, при ея національной политикѣ,* нетолько не ополчатъ Поляки, но даже и самые Нѣмцы не онѣмечатъ—это вѣрно. И если только народный русскій желудокъ не будетъ разстроиваемъ *лазаретной* діетой—онъ переваритъ все! . . . .

Прежніе же примѣры теперь «не указъ»: то было другое время . . . . Тогда дѣйствительно многіе изъ Русскихъ, попадавшихъ въ среду Поляковъ, легко и скоро ополячивались въ полномъ смыслѣ слова. Это правда; но неужели-же мы, соотечественники такихъ политическихъ ренегатовъ, можемъ затрудняться въ опредѣленіи истинныхъ причинъ, производившихъ эти печальныя явленія? Разумѣется нѣтъ! И мы всѣ знаемъ, что это—какъ и все тому-подобное—было не что иное какъ *уродливыя* выраженія крайняго недовольства своими—вообще очень хорошо извѣстными намъ—прежними порядками . . . . . .

Но при другихъ, *лучшихъ* условіяхъ, намъ ровно нечего опасаться ни за упадокъ, ни за измѣненіе характера нашего національнаго духа. Опасаться же пресловутой «польской интеллигенціи», по нашему мнѣнію про-

сто смѣшно: русскій народъ довольно здраво-
уменъ для того, чтобъ не терять голову отъ
всякихъ бредней и не увлекаться всякими
химерами: это уже доказала Русская Исторія.
Къ-томужъ извѣстно, что польская. интелли-
генція до сихъ поръ была для насъ поли-
тически вредной между прочимъ и оттого,
что *прежнея* Россія сама ставила эту интел-
лигенцію въ такое фальшивое положеніе, отъ
котораго нельзя было и ожидать ничего хо-
рошаго . . . . . . Наконецъ польское шляхетство
вѣдь не польскій народъ, а только неболь-
шая часть этого народа: Россіи нужна Поль-
ша съ ея народомъ: это часть русскаго го-
сударственнаго тѣла, — часть нашей государ-
ственной территоріи, и при томъ такая часть,
которой мы должны особенно дорожить и ко-
торую мы обязаны беречь и *всецѣло сохра-
нить—во что бы нистало*; но Россіи вовсе
не нужно польскихъ революціонеровъ, точно-
также, какъ ей ненужно революціонеровъ и
всякаго другаго происхожденія. Затѣмъ очень
понятно, что ко всему польскому народу нельзя
относить извѣстныхъ революціонныхъ тенден-
цій, а еще больше тѣхъ грязныхъ пороковъ и

и тѣхъ чудовищныхъ преступленій, которыя въ послѣднее время къ сожалѣнію положили свои позорныя клейма на нѣкоторыхъ членовъ образованной польской среды. Мы разумѣется говоримъ здѣсь уже не объ обыкновенныхъ политическихъ преступленіяхъ, *(которыя впрочемъ тѣмъ неменьше непремѣнно должны подлежать самой строгой законной карѣ, по государственной необходимости, но которыя еще могутъ находить для себя тѣ или другія условныя извиненія)*—мы говоримъ о преступленіяхъ *человѣческихъ.* Мы говоримъ объ истинно-варварскихъ натурахъ и объ истинно-звѣрскихъ инстинктахъ организаторовъ и сообщниковъ «пожарной эпидеміи, кинжальщиковъ, жандармовъ-вѣшателей» и т. п. Мы говоримъ о людяхъ, сдѣлавшихъ орудіями своей политики поджогъ, домовое и уличное убійство, инквизицію, ядъ и клевету .... Мы совершенно согласны, что нужно дойти до самого крайняго нравственнаго растлѣнія, чтобъ сдѣлаться способнымъ на подобныя *нечеловѣческія* злодѣянія. Но есть поговорка, «въ семьяхъ не безъ уродовъ»; и понятно что частныя урод-

ства нельзя относить ко всѣмъ членамъ се-
мей. Такъ напримѣръ говорятъ, что люди не
одного польскаго имени доблестно подви-
зались на означенномъ похвальномъ поп-
рищѣ: что тутъ были уродливости еще боль-
ше чудовищныя, именно, совершенія нѣкото-
рыхъ изъ исчисленныхъ нами преступленій
*вслѣдствіе равнодушнаго—не экзальтированнаго
никакими слѣпыми страстями—продажнаго пре-
дательства своихъ чужимъ* .... Но чтò
жъ изъ этого слѣдуетъ? Конечно только тò,
что зло есть вездѣ и что злодѣи бываютъ во
всѣхъ человѣческихъ обществахъ; но это не-
можетъ позорить послѣднихъ: за другихъ
отвѣчать нельзя.

Между тѣмъ хотя иностранная журналис-
тика изъ приличія и отзывались о помяну-
тыхъ нами злодѣйствахъ съ полнымъ ихъ
порицаніемъ, но ничто не доказываетъ, чтобъ
самыя сѣмена зла, или самые міазмы, поро-
дившіе эти чудовищныя явленія, неимѣли
болѣе-долекаго происхожденія и не въ одну
только Россію, но и въ самую Польшу, *не-
были* занесены съ Запада .... Для насъ
по крайней мѣрѣ, это—вопросъ?—тѣмъ больше,

что мы затрудняемся рѣшеніемъ другаго вопроса: чья вражда въ дѣлѣ послѣдняго польскаго возстанія дѣйствовала противъ насъ ожесточеннѣе и *нечище*: польская, или романо-готская—союзная? .... Во всякомъ случаѣ для насъ *неможетъ* быть вопроса объ иниціативѣ въ этомъ дѣлѣ. Иниціатива этого дѣла, какъ государственнаго зла для Россіи, припадлежитъ не польскимъ революціонерамъ. Всѣ очень хорошо знаютъ, что польскіе революціонеры при этой новой «Травлѣ Медвѣдя» *иными* «Охотниками,» исполнили лишь незавидныя роли «Бульдоговъ,»—за обманно-обѣщанный имъ «Лакомый Кусокъ».....Вездѣ однѣ и тѣже причины, одни и тѣже корни нашихъ государственныхъ золъ и опасеній— *интриги иноплеменниковъ!* ......

Настоящая, наличная сторона польскаго вопроса. Россію, какой она становится *теперь* — *Россію съ національной политикой*— было бы совершенно безразсудно обвинять въ томъ, что польскій вопросъ тáкъ, а не иначе, поставленъ Россіей какъ она была *прежде*—Россіей съ политикой антинаціональной. Затѣмъ понятно, что первая обязанность возраждающейся къ національной жизни *теперешней* Россіи должна состоять въ исправленіи всѣхъ ошибокъ и упущеній своего прошедшаго. А при такихъ условіяхъ, въ интересахъ русскаго дѣла — *въ тѣхъ общегосударственныхъ интересахъ, которые всегда и во всемъ разумѣется должны стоять несравненно выше интересовъ отдѣльныхъ партій и лицъ,* — *теперешняя* Россія *неможетъ* невидѣть передъ собой извѣстныхъ *польскихъ* карпорацій или сообществъ, дѣйствующихъ противъ нея подъ исключительными вліяніями *государственно-вредныхъ* умысловъ . . . . Точно также *теперешняя Россія неможетъ не замѣчать и въ своей средѣ людей, такъ или иначе враждебныхъ безразличному единству и будущему благосостоянію Русской Имперіи.* Это ясно; и въ виду настоящаго положенія политическихъ дѣлъ, *всякая дальнѣйшая терпимость теперешней Россіи въ отношеніи означенныхъ партій и лицъ, была бы для нея актомъ посягательства на собственную свою жизнь* . . . . .

Въ отношеніи же польскаго вопроса, находясь въ необходимости *какъ-можно-ско-*

рый положить конецъ всякой (равно-тягостной для обоихъ сторонъ) двусмысленности или не-опредѣленности своихъ прежнихъ отношеній къ Польшѣ, теперешняя Россія непремѣнно должна дѣйствовать противъ враждебныхъ ей въ поль-скомъ вопросѣ своеземныхъ партій и лицъ со всей энергіей и со всей строгостью, въ томъ справедливомъ убѣжденіи, что здѣсь всякое про-медленіе или послабленіе, было бы непрости-тельнымъ и крайнѣ-опаснымъ поощреніемъ та-кихъ тенденцій, которыя разъ-навсегда, уже признаны безусловно-вредными для общаго, государственнаго благосостоянія русской націи.

И въ этомъ смыслѣ,—именно въ смыслѣ предупрежденія бо́льшаго зла меньшимъ зломъ,—всѣ временныя мѣры самой настой-чивой строгости противъ находящихся въ русскихъ владѣніяхъ явно враждебныхъ рус-скому государственному единству отдѣльныхъ партій и лицъ, *очевидно гораздо-болѣе разум-ны и даже гораздо-болѣе гуманны, чѣмъ вся-кое въ отношеніи такихъ партій и лицъ ин-дифферендное бездѣйствіе или нерѣшительныя колебанія, которыя на лучшій конецъ, непре-мѣнно довели бы Россію до новой прискорбной*

необходимости употреблять у себя каратель-
ныя мѣры еще въ болѣе-жесткихъ формахъ
и еще въ болѣе-обширныхъ размѣрахъ; такъ-
какъ интриги, какъ само-собой разумѣется,
никогда не остановились бы на половинѣ пути.

Изъ всего нами сказаннаго ясно, что Рос-
сія, *при теперешнихъ экстренныхъ обстоя-
тельствахъ*, можетъ успѣшно для себя (то-есть
скоро и выгодно) разрѣшить польскій вопросъ
неиначе какъ двойнымъ *совмѣстнымъ* пу-
темъ нормализаціи своего быта и безпощад-
наго искороненія изъ себя всего того, чтò
враждебно или противно ея безразличной го-
сударственной цѣлости, *какъ единственному за-
логу ея безмятежной будущности*. А вслѣд-
ствіе этого, *теперешняя* Россія должна одной
рукой *поднимать и благоустроивать* у себя
всё, что есть въ ней національнаго—общерус-
скаго, а другой рукой — *давить и стирать съ
лица своей земли* всё, что есть въ ней непріяз-
неннаго общимъ интересамъ русской націи.
Тогда, и *только-тогда*, мы какъ-разъ «выздо-
ровѣемъ»; и тогда—и опять *только-тогда* — те-
перешняя Россія создастъ такую *будущую* Рос-
сію, которую ужъ никакіе «Охотники», не за-

хотятъ травить никакими «Бульдогами», и на которую наконецъ перестанетъ присматриваться даже и самый «Германскій Сфинксъ»....

Въ такомъ характерѣ дѣйствій, разумѣется необходимо между-прочимъ энергически поддерживать и *какъ-можно шире развивать* то, что уже больше или меньше вводится въ западномъ краѣ и въ Польшѣ, именно: всевозможныя, *самыя сильныя* поощренія всякихъ частныхъ и общихъ сочувствій и содѣйствій, и *строгія* преслѣдованія всякихъ явныхъ противодѣйствій русскому дѣлу, *со стороны тамошнихъ населеній; строжайшее преслѣдованіе и повсемѣстное устраненіе всякаго вмѣшательства католическаго духовенства въ политическія дѣла;* всестороняя поддержка православія и нравственная поддержка русской народности, *выгодно поставленной въ глазахъ другихъ;* административная, судебная, школьная и церковная полноправность и распространеніе общественнаго (публичнаго) употребленія русскаго языка; *возможно-бóльшее развитіе* (административнымъ путемъ) *женскаго образованія въ духѣ не враждебномъ, а благопріятномъ русско-польско-*

му *слянію*; строго-честная и *русско-пат-*
ріотическая (что важнѣй всего!) оффиціаль-
ная и частная дѣятельность всѣхъ служа-
щихъ тамъ лицъ; и строгая, *въ примири-*
тельномъ характерѣ, дисциплина квартиру-
ющихъ тамъ русскихъ войскъ.

Этимъ мы и окончимъ наши настоящія
замѣтки о польскомъ вопросѣ и въ дальнѣй-
шемъ обзорѣ направленныхъ противъ Россіи
иноплеменныхъ интригъ, отъ искусственно-соз-
данной польской пропаганды, перейдетъ къ
самобытно-дѣйствующей пропагандѣ нѣмецкой.
При этомъ мы прежде-всего считаемъ нуж-
нымъ сказать, что въ смыслѣ извѣстныхъ
противодѣйствій общему русскому дѣлу *со*
стороны русскихъ подданныхъ, мы недопускаемъ
никакого тожества между своими однородцами
и чуждыми намъ иноплеменниками. Мы знаемъ
что послѣдніе никогда не имѣли и доселѣ не
имѣютъ *никакихъ* причинъ быть недовольными
Россіей, тогда-какъ, говоря по совѣсти, мы не
находимъ себя въ-правѣ сказать тогоже о
другихъ. И если польскій сепаратизмъ мы
по нашему крайнему разумѣнію считаемъ
политически-вреднымъ не только для Россіи,

но даже и для самой Польши, угрожаемой «Германскимъ Сфинксомъ,» — и если вслѣдствіе этого мы называемъ польскій сеператизмъ *близорукимъ* фанатическимъ увлеченіемъ, — то всякое проявленіе сеператистскихъ тенденцій въ тѣхъ областяхъ Россіи, гдѣ горсть иноплеменныхъ *русскихъ подданныхъ*, во-имя своего *заграничнаго* фатерланда, совершаетъ вредное для Россіи дѣло онѣмеченія подвластныхъ ей инородцевъ, мы просто считаемъ государственнымъ преступленіемъ.

Поэтому мы особенно рады тому, что въ настоящемъ вопросѣ видимъ и можемъ видѣть передъ собой только одну относительно-малочисленную партію, но никакъ не большинство того высокообразованнаго благороднаго сословія остзейскихъ губерній, изъ среды котораго было и есть столько истинно-полезныхъ для Россіи дѣятелей.

Но чѣмъ выше авторитетъ цѣлаго сословія и чѣмъ больше его значеніе во всемъ государствѣ, тѣмъ разумѣется опаснѣе могутъ быть злоупотребленія этимъ авторитетомъ со стороны отдѣльныхъ лицъ, принадлежащихъ къ такому общеуважаемому сословію п дѣйствующихъ (сознательно или безсознательно) во вредъ своему государству. Вотъ одно изъ основаній нашего особенно-серіознаго взгляда на всѣ проявленія нѣмецкой пропаганды въ Россіи и на всякое обстоятельство, способное служить *подготовкой* дѣлу германизаціи западныхъ окраинъ Русской Имперіи.

Въ такомъ настроеніи — *котораго конечно никто не сочтетъ пустой мнительностью* — мы желали бы обратить особенное вниманіе всѣхъ и каждаго на ново-возникающее рвеніе заграничныхъ германизаторовъ, усиливать нѣмецкій элементъ въ Польшѣ, въ видѣ *подготовительной* мѣры къ онѣмеченію Славянъ Варшавскаго округа, паравнѣ съ Славянами округа Познанскаго. Неспоримъ что подобныя попытки инымъ могутъ казаться *черезъ - чуръ смѣлыми;* по чтожъ изъ этого? — «смѣлымъ Богъ владѣетъ», говорятъ. А потому (и по кой-чему другому), мы считали бы за лучшее *недавать ни малѣйшей точки - опоры такой прусской затѣи, въ принадлежащихъ Россіи польскихъ* (также какъ и другихъ *западныхъ) областяхъ.*

6

Конечно, уповая на видимый впутренній поворотъ русскаго дѣла къ «лучшему», пожалуй можно бы и не слишкомъ опасаться того, чтобъ наше «сосѣдское гостепріимство» не отозвалось когда нибудь *очень-невыгодными* для насъ послѣдствіями; такъ; однакожъ — согласитесь— *зачѣмъ* же намъ *безъ всякой надобности* прибавлять хоть одну іоту къ своимъ *кажется и безъ того немалочисленнымъ* затрудненіемъ? *Зачѣмъ* намъ *добровольно* расширять арену тѣхъ интригъ, которымъ *давнимъ-давно пора бы положить конецъ возможно-бо́льшимъ развитіемъ той спасительной и благотворной для Россіи національной политики, при которой Русское Царство неразъединимо и которая скорѣй-всего помиритъ своихъ съ своими, безъ всякаго* посредничества *чужихъ*........

Довольно намъ такого посредничества и въ остзейскихъ губерніяхъ........ Конечно можно говорить, что русскія опасенія нѣмецкой прапаганды — «ипохондрія,» потому (*будто-бы*) что и самый остзейскій край еще до сихъ поръ не очень онѣмеченъ, или онѣмеченъ очень умѣренно, *несмотря на всю свободу дѣйствій и на всю обширность средствъ* къ германизаціи этого края въ продолженіи столькихъ лѣтъ. Но такой аргументъ — *шутка!*.... И если остзейскій край еще не чистѣйшая русская Германія, такъ въ этомъ виноваты одни историческія условія, которыя *вмѣсто* Россіи, парализировали тамъ германизацію инородцевъ.

Понятно что отношенія рабовъ, — крѣпостныхъ крестьянъ и наконецъ лишь-номинально-свободныхъ работниковъ къ своимъ иноплеменнымъ властителямъ и господамъ, могли порождать однѣ антипатіи и не могли возбуждать никакихъ симпатій..... Не будь этого, или даже совершись только эманципація остзейскихъ туземцевъ сразу, въ другомъ характерѣ и иди она безъ зат жекъ, нат жекъ, вытяжекъ и пр. такъ было бы другое дѣло и *Латышей можетъ-быть ужъ давно не преслѣдовали бы за то,* что они еще осмѣливаются пропагандировать *въ пользу своего сліянія съ остальной Россіей — въ пользу обрусѣнія самимъ-себя!*

А между-тѣмъ эти Латыши *русскіе подданные!*.........

*

Вотъ какая это «*ипохондрія*».... И такъ
какъ время теперь ужъ не прежнее, застой
прошелъ и обстоятельства измѣняются до-
вольно проворно, то Россіи *пора* серіозно по-
думать объ остзейскихъ туземцахъ, и *пора*
еще серіознѣе, заняться полнымъ и рѣши-
тельнымъ огражденіемъ ихъ отъ всякихъ
дальнѣйшихъ посягательствъ и натисковъ
нѣмецкой пропаганды. Мы полагаемъ впро-
чемъ что для этого не нужно никакихъ
крутыхъ мѣръ и что этого можно дос-
тигнуть *немедленнымъ принятіемъ и нас-
тойчивымъ выполненіемъ однихъ необходи-
мыхъ предосторожностей*. Во первыхъ, надо
бы *разъ-навсегда* положить конецъ извѣстно-
му, *неблагопріятному для общаго русскаго дѣ-
ла* направленію остзейской *нѣмецкой* публи-
цистики. Это выходитъ изъ всякихъ границъ
здоровыхъ явленій государственной жизни и
не можетъ быть терпимо ни при какой сво-
бодѣ слова. Во-вторыхъ, слѣдовало бы тамъ
твердо оградить отъ всякихъ возможныхъ
стѣсненій и ограниченій какъ русскую на-
родность, такъ и православное исповѣданіе;
построить достаточное число приличныхъ

русскихъ церквей и дать обезпеченное содер-
жаніе русскому духовенству. Упущеніе пос-
лѣднихъ условій необходимо должно осо-
бенно - невыгодно отзываться тамъ, гдѣ
церковь другаго исповѣданія, поставлена въ
относительно - лучшія условія. Въ - третьихъ,
вмѣсто *неправильно* - существующаго въ ост-
зейскомъ краѣ оффиціальнаго употребленія
нѣмецкаго языка, должно бы непремѣнно
ввести *русскій* языкъ, *на томъ основаніи, что
оба эти языка по - меньшей - мѣрѣ одинаково
чужды языкамъ коренныхъ остзейцевъ и что,
при такомъ условіи, чужому нѣмецкому язы-
ку естественно долженъ быть предпочтенъ свой
русскій языкъ,* какъ языкъ правительственный
и притомъ господствующій во всей Русской
Имперіи, къ составу которой принадлежатъ
между - прочимъ и остзейскія губерніи. Это
такъ просто и такъ ясно, что наши прежнія
столь - долгія сношенія съ коренными жите-
лями *своего* остзейскаго края посредствомъ
чуждаго и намъ и имъ нѣмецкаго языка,
не могутъ не представляться очень - стран-
нымъ, а въ - смыслѣ національной политики
очень - печальнымъ явленіемъ. И наконецъ

въ-четвертыхъ, не только необходима *пол-ная свобода обрусѣнія*, но крайне-необходимы и самыя дѣятельныя, *безотложныя* содѣйст-вія обрусѣнію и разширенію гражданскихъ правъ коренныхъ остзейцевъ, такъ-какъ добрые сосѣди начинаютъ уже слишкомъ нѣжно заботиться о благоденствіи нашего остзейскаго края, который они не въ шутку называютъ *нѣмецкой землей.*

Передавая на судъ нашихъ читателей бѣглый обзоръ и краткую характеристику главныхъ орудій тѣхъ *иноплеменныхъ* интригъ, которыя въ настоящее время напряга-ютъ всѣ свои силы, чтобъ какъ бы то ни-было (и чѣмъ бы то нибыло) *помѣшать* внутреннему развитію и упроченію будущ-ности Россіи, мы не можемъ не остановить-ся съ особеннымъ вниманіемъ на тѣмъ изъ этихъ орудій, которое служитъ и соедини-тельнымъ узломъ всѣхъ разнородныхъ и разномѣстныхъ враждебныхъ Россіи элемен-товъ, и самой твердой точкой-опоры, (и самымъ сильнымъ рычагомъ) для всѣхъ и всякихъ, направленныхъ противъ Россіи злыхъ умыс-ловъ. Мы хотимъ говорить о той, *самой уродливой и самой опасной* язвѣ русской жизни, которая знаменуется *тайной преда- тельской измѣной русскому дѣлу, русскихъ подданныхъ.*

Мы готовы бороться до послѣдняго âтома силъ со всякой направленной противъ Россіи *иностранной* политической интригой; но при этомъ, хотя мы и не одобряемъ, лично, ни- какой политической интриги, основанной на неизбѣжныхъ народныхъ бѣдствіяхъ, одна- кожъ мы не считаемъ себя въ-правѣ наз- вать *иностранца* безчестнымъ за то, что онъ интригуетъ противъ Россіи для пользъ *своего* отечества. Напротивъ, мы уважаемъ во вся- комъ иностранцѣ его патріотическія чувства, *отсутствіе которыхъ безчеститъ каждаго граж- данина и присутствіе которыхъ дѣлаетъ каж- дому гражданину честь.* Но какого имени, какого публичнаго позора и какой законной кары заслуживаютъ тѣ люди, которые изъ личной корысти, (*продажно*) или изъ лож- ныхъ симпатій и ложнаго толкованія своихъ гражданскихъ обязанностей, *помогаютъ чу- жеземцамъ устраивать гибель своей родины, или своего государства?* . . . . Мы замѣтили выше, что зло есть вездѣ и что злодѣевъ можно отыскать во всѣхъ человѣческихъ обществахъ; правда; но гдѣ на всемъ бѣломъ свѣтѣ можно видѣть, чтобъ подобныя гражданскія доблести выказывались совершенно-безцеремонно, дѣйствовали что-называется «спустя рукавъ» и *неподвергались открытому, общественному презрѣнію*? Гдѣ такая страна?...

Понятно что мы говоримъ здѣсь не о тѣхъ видахъ предательства и измѣны, которые могутъ быть «обнаружены и наказаны по закону», но о тѣхъ, *обнаруженіе* которыхъ заключается въ общественномъ сознаніи дѣйствительности ихъ существованія и *наказаніе* которыхъ, должно подлежать общественному суду.

Мыслимое ли напримѣръ дѣло во всякомъ *здоровомъ* цивилизованномъ государствѣ, открытая и *завѣдомо-фальшивая* журнальная оппозиція такимъ проектомъ и такимъ мѣрамъ, которыя *всенародно* признаются несомнѣнно-общеполезными и даже необходимыми? Но конечно еще больше немыслимо, чтобъ въ какихъ нибудь подобныхъ государствахъ могли настойчиво предлагаться такіе проекты и проводиться такія мѣры, которыя такъ-сказать «глаза колятъ» своей несомнѣнной вредностью для отечественнаго благосостоянія ... Гдѣ-жъ это можетъ быть? Вообразите, какъ бы напримѣръ былъ встрѣченъ на лондонскихъ улицахъ, или принятъ въ лондонскомъ обществѣ, одинъ изъ редакторовъ «Times'a», еслибъ онъ *осмѣлился* объявить въ своей газетѣ, что заговоръ феніевъ — выдумка протестантской партіи, — что англійскіе доки сгорѣли оттого, что Англичане рабочихъ классовъ любятъ иногда позабавиться «краснымъ пѣтухомъ»,—и что въ интересахъ Англіи слѣдуетъ образовать изъ Ирландіи особую республику, съ тѣмъ чтобъ *королева* Викторія считалась ирландскимъ *президентомъ?....* И тому подобное. И прежде всего: взялъ ли бы редакторъ любой англійской газеты, *какъ Англичанинъ*, какія бы ни было дѣньги, за написаніе, или обнародованіе такого сорта статей, которыя имѣли бы характеръ дерзкой обиды, или желанія вреда своему отечеству? И такъ далѣе.... Гдѣ-жъ это дѣлается?

Говорятъ будто бы нѣчто похожее дѣлывалось у насъ..... Да! но кто-жь въ этомъ виноватъ, какъ не наше общее, *непростительное* равнодушіе къ мирнымъ явленіямъ своей національной жизни? — Какъ не наша общая, *постыдная* привычка, къ терпимости у себя всякихъ *общественныхъ золъ*?... И эта терпимость (которая впрочемъ ничѣмъ не отличается отъ прямаго потворства) до того въѣлась въ наши общественные нравы и въ нашу общественную жизнь, что мы знаемъ человѣка, который очень дорого поплатился за свои противодѣйствія такому уродливому обычаю. Человѣка, который во всю свою жизнь терпѣлъ отъ любви ближнихъ за тò, что открыто (порой конечно и насмѣшливо) позволялъ себѣ называть людей и вещи ихъ *настоящими* именами..... Какія усердныя гоненія, какія *безобразныя клеветы*, воздвигались за тò на этого человѣка!.... А между-тѣмъ вся его вина состояла въ томъ, что онъ не хотѣлъ быть равнодушнымъ зрителемъ порока, *несомнѣнно для всѣхъ вреднаго и постыднаго*.....

·.Но не все же будетъ *по-прежнему*.. Богъ
дастъ теперь скоро наступить такое время,
что приведенный нами примѣръ сдѣлается
анахронизмомъ. — Дай-Богъ!... А то вѣдь
прежде что это было? — срамъ!.. Бывало,
(мы говоримъ о старинѣ), всѣмъ очень хо-
рошо извѣстно, что домъ такого-то госпо-
дина — притомъ элегантнаго. мошенниче-
ства; что этотъ господинъ составилъ себѣ
состояніе шуллерствомъ; что онъ довелъ до
самоубійства одного благовидно-ограблен-
наго имъ юношу и проч. Но вотъ этотъ
господинъ покупаетъ себѣ большое имѣніе
близь степнаго города и переѣзжаетъ изъ
столицы въ свою новую, благопріобрѣтен-
ную вотчину, «отдыхать на лаврахъ»....
И что-жъ? — Его принимаютъ въ нѣдра
провинціальной жизни не только радушно,
но даже до того-почетно, что мѣстныя
власти и чины ѣздятъ къ нему бывало въ
форменныхъ мундирахъ,—для поздравленія
съ торжественными праздниками!....
Бывало всѣ знаютъ, что такой-то госпо-
динъ отъявленный взяточникъ и что кривя
душой и насилуя законы, онъ уже пустилъ

по-міру не мало легкомысленныхъ су-
мазбродовъ, воображавшихъ найти безко-
рыстную правду въ иныхъ нашихъ преж-
нихъ, областныхъ судахъ. Но если такой
вѣрный слуга отечества былъ уже «въ
солидномъ чппѣ», или «съ-деньгой», или
пгралъ въ карты «съ смёртной охотой, но
съ горькой участью» и тому-подобное, то
его всѣ, бывало, чуть не «нянчатъ» какъ
говорится «на рукахъ».... И такъ далѣе.

Мы привели здѣсь эти наглядные примѣ-
ры изъ извѣстныхъ *болѣзненныхъ отправле-
ній нашей общественной жизни* собственно
для того, чтобъ яснѣй показать, какъ до-
пущеніе одного *общественнаго* зла облегча-
етъ доступъ другому такому же злу, и
какъ «подъ крыломъ» всегда «жившихъ
припѣваючи» у насъ всякихъ «не уличен-
ныхъ по суду» но *всѣми признанныхъ* уго-
ловныхъ преступниковъ, смѣлѣе могли вы-
ступать на сцену и наши, такіе же, госу-
дярственные преступники.....

А между-тѣмъ въ разумно-патріотичес-
комъ смыслѣ, терпимость всякаго подобнаго
зла составляетъ самое печальное и самое

постыдное явленіе!.. Мы даже назвали бы такую терпимость и *безусловно-преступной*, еслибъ она не имѣла въ нашихъ глазахъ нѣкотораго (впрочемъ все-таки односторонняго) оправданія *обычаемъ* и *привычкой, насильственно вкорененными въ насъ нашими прежними, болѣзненными бытовыми условіями*. Чтобъ оцѣнить характеръ и силу этихъ *прежнихъ* условій, въ извращеніи нашихъ общественныхъ понятій о своихъ гражданскихъ обязанностяхъ, стоитъ напримѣръ только вспомнить, что (говоря вообще) русскій человѣкъ, — который при случайныхъ возбужденіяхъ его національнаго духа чрезвычайными государственными невзгодами всегда былъ радъ умирать за свою Россію *на войнѣ* съ ея врагами, — *въ мирное время* совершенно-равнодушно относился къ положенію своего отечества. *Страшная аномалія!* Хорошо, что къ ея исправленію, принимаются теперь необходимыя, дѣйствительныя мѣры, именно, національная политика и нормалированіе нѣкоторыхъ отправленій гражданской жизни. И каждому Русскому тѣмъ отраднѣе привѣтствовать такіе мѣры, что въ своевременномъ ихъ примѣненіи, между-прочимъ заключается *самый вѣрный* залогъ благополучнаго разрѣшенія всѣхъ вопросовъ, досель-наводившихъ бо́льшую или меньшую тѣнь тревожныхъ сомнѣній, относительно обезпеченія за Россіей лучшей, безмятежной будущности.

Назадъ тому 10-ть лѣтъ, въ нашей статьѣ «о національномъ русскомъ образованіи», мы между-прочимъ сказали, что *«дурное на-«правленіе юношества всегда неразлучно связано «съ дурнымъ направленіемъ національной жиз-«ни и неиначе можетъ быть исправлено, какъ-«съ улучшеніемъ послѣдней».* Что «поэтому, «отъ исправленія и *улучшенія* обществен-«ныхъ отношеній, обычаевъ и нравовъ меж-«ду *взрослыми* людьми, намъ можно *вѣрнѣе* «ожидать вожделѣнныхъ успѣховъ и въ на-«ціональномъ образованіи нашего юноше-«ства, нежели наоборотъ». Что «это разу-«мѣется говорится въ смыслѣ *скорѣйшаго* до-«стиженія извѣстныхъ цѣлей:» что «дѣло ум-«ныхъ людей *предупреждать* (конечно не

«опрометчиво, а обдуманно) *требованія сво-*
«*его времени*»....

Что «это тѣмъ больше необходимо, что
«всякое внимательное изученіе *темныхъ* сто-
«ронъ нашего современнаго общественнаго
«быта — въ соображеніи нашихъ внѣшнихъ
«отношеній къ остальному цивилизованному
«міру — *неизбѣжно* приводитъ къ тому убѣж-
«денію, что *оставивши всякій ложный стыдъ*
«*передъ собой и всякую напрасную скрытность*
«*передъ другими, намъ безъ отлагательствъ*
«*должно серіозно приняться за дѣло общепо-*
«*лезныхъ самоисправленій ...*» И приняться
«не какъ фарисеямъ, но какъ грѣшни-
«камъ»... такъ какъ иначе, «*не исправивши*
«*самихъ-себя*, мы никогда не будемъ въ со-
«стояніи исправить и другихъ».

Но что «когда мы поисправимся сами и
«поисправимъ вокругъ себя свои разныя до-
«машнія старообрядства и запущенія,—да-
«же *когда только примемся твердо и рѣши-*
«*тельно за такія спасительныя исправленія,*
«*то и тогда намъ ужъ легче будетъ ладить*
«*и состязаться со всѣми нашими внутрен-*

«*ними и внѣшними, тайными и, явными*
«*врагами и въ мірѣ и на войнѣ*» *).

Спустя два года, когда крестьянская ре-
форма явилась передъ Россіей благовѣстни-
комъ нашихъ вождѣленныхъ внутреннихъ
преобразованій,—и когда эту реформу сна-
чала такъ *односторонне* поняли нѣкоторые
изъ непосредственно-заинтересованныхъ въ
ней лицъ,— мы тогда же высказались съ
твердой увѣренностью, что «*улучшенія* на-
«шей гражданской жизни не остановятся на
«одномъ преобразованіи имущественныхъ
«дворянскихъ правъ», и называли подобный
исходъ дѣла «невозможнымъ» **).

Мы привели здѣсь эти краткіе выписки
для того, чтобъ напомнить инымъ изъ на-
шихъ читателей, что мы были одними изъ
первыхъ, *прямо* и *безхитростно* заявившихъ
въ русской печати откровенный взглядъ на
прежнія, тёмныя стороны русской жизни, и
высказавшихъ свое мнѣніе о настоятельной
необходимости нормалировать эту жизнь пу-

---

*) «Журналъ Землевладѣльцевъ», Т. IV, Отд. II, стр.
59 — 60, и стр. 34, въ выноскѣ.

**) Тамъ же, № 7, Отд. III, стр. 46.

тѣмъ необходимыхъ, внутреннихъ преобразованій. Даже больше: еще до нашей печатной гласности мы не только думали, но и говорили о русскомъ дѣлѣ также, какъ думаемъ и говоримъ о немъ теперь: безъ всякихъ лично-корыстныхъ видовъ, безъ всякихъ лукавыхъ мудрствованій... Неимѣвши *тогда* возможности опубликовывать свои мнѣнія, мы считали своимъ гражданскимъ долгомъ представлять (частнымъ образомъ) наши мнѣнія по этому предмету высшимъ правительственнымъ лицамъ. *) *Теперь*, по тѣмъ же побужденіямъ, мы заявляемъ свои мнѣнія о русскомъ дѣлѣ нашимъ соотечественникамъ и нашимъ соплеменникамъ.

Тогда иныя изъ нашихъ мнѣній вѣроятно еще не совпадали съ тѣми высшими государственными соображеніями, о которыхъ мы, какъ частные люди, легко могли не имѣть достаточно-полныхъ и точныхъ свѣдѣній. Позже, наши мнѣнія и наша общественная дѣятельность къ сожалѣнію не совпали съ

---

*) «Журналъ Землевладѣльцевъ», Т. IV Отд. II, стр. 34, въ выноскѣ.

мнѣніями и требованіями нѣкоторыхъ членовъ одного съ нами сословія..... И хотя эти послѣднія обстоятельства уже неимѣютъ общаго значенія и относятся собственно до нашей личности, (объ исключительныхъ выгодахъ которой мы не очень хлопотали и прежде, а тѣмъ-больше не хлопочемъ теперь, когда для этого уже проходитъ пора), но мы позволили себѣ коснуться здѣсь и этихъ обстоятельствъ, чтобъ пояснить самый характеръ нашихъ теперешнихъ взглядовъ на русское дѣло, не только давностію однихъ этихъ взглядовъ, но и той общественной дѣятельностью *), въ которой мы очень существенные личные свои интересы, *сознательно* принесли въ жертву своимъ гражданскимъ обязанностямъ.

Въ настоящее время, когда по милости Бога и Государя Александра Николаевича, черные дни русской жизни проходятъ и передъ ней открывается новый горизонтъ свѣтлой будущности, мы лично для себя хотимъ только однаго: дожить до

_____

*) По крестьянскому дѣлу.

того всегда горячо-желаннаго намъ време-
ни, когда національная русская политика
и патріотизмъ русскихъ гражданъ, общими
силами, сполна поставятъ внутренній бытъ
Русской Имперіи внѣ всякихъ болѣзненныхъ
условій, а ея дѣла внѣ всякихъ опасеній и
сомнѣній за ея «лучшую» — великую, на-
ціональную будущность.

А это разумѣется сдѣлается тѣмъ вѣрнѣй
и тѣмъ скорѣй, чѣмъ больше всѣ мы ста-
немъ о томъ *серіозно* заботиться и *разумно*
стараться. Русское дѣло *одинаково* касается
и всѣхъ и каждаго изъ Русскихъ, хотя къ
сожалѣнію, еще и не всѣ у насъ смотрятъ
на это дѣло какъ *на свое собственное.* —
Привычка!....

Недавно въ одномъ многочисленномъ со-
браніи представителей нашего образованна-
го круга, мы — по нѣкоторому случаю —
сочли необходимымъ возбудить этотъ по-
слѣдній вопросъ и между-прочимъ говорили,
что «въ настоящее время, когда наша граж-
«данская жизнь перестраивается и измѣняет-
«ся — *необходимо* перемѣниться и всѣмъ намъ.
«Что теперь намъ *необходимо* отрѣшиться

«отъ своихъ прежнихъ, *одностороннихъ* взгля-
«довъ на русскую жизнь и отъ своей дав-
«нишней привычки обособляться отъ этой
«жизни въ извѣстныхъ границахъ. Что намъ
«*должно* сочувствовать и содѣйствовать всѣмъ
«тѣмъ мѣрамъ, которыя очевидно кло-
«нятся ко благу цѣлой Россіи. Что, съ дру-
«гой стороны, намъ теперь ужъ *не слѣду-*
«*етъ* смотрѣть на свои потребности и нуж-
«ды безъ соображенія ихъ съ общими госу-
«дарственными нуждами и потребностями.
«Что мы, какъ представители народнаго
«разума, *обязаны* сами знать не только то,
«что хорошо и нужно собственно-намъ, но
«и то, что хорошо и нужно всему русско-
«му народу и цѣлому Русскому Государ-
«ству. Что наконецъ всего этого *требуютъ*
«отъ насъ не одни наши безкорыстныя
«(впрочемъ безкорыстныя лишь въ тѣсномъ
«смыслѣ) патріотическія чувства, но даже и
«наши *собственные частные интересы,* такъ
«какъ только теплымъ сочувствіемъ и дѣяте-
«льной помощью въ общемъ русскомъ дѣлѣ,
«мы можемъ теперь сохранить и упрочить за
«собой то общественное положеніе, которое

«по.- справедливости должно принадлежать «намъ, какъ наиболье - образованнымъ лю- «дямъ, въ народной русской среде».

Съ удовольствіемъ свидетельствуемъ здесь о томъ, что на такую нашу речь (несмотря на некоторые остатки доброй памяти объ *известномъ* прошломъ), мы не встретили ни отъ кого никакихъ прямыхъ возраженій; отъ насъ требовались только кой-какія разъясненія..... Еще съ большимъ удовольствіемъ заявляемъ здесь о томъ, что при этомъ намъ было выражено полное сочувствіе такими лицами, мненія которыхъ заслуживаютъ самаго серіознаго уваженія.

Это последнее обстоятельство представляется намъ истинно-отраднымъ явленіемъ. Въ теперешнихъ переходныхъ фазахъ русской жизни, мы особенно - рады чаще и больше встречать такихъ людей, которые имеютъ совершенно-правильный взглядъ на настоящее положеніе нашихъ делъ и которые сознательно убеждены въ крайней необходимости более-общаго, более - деятельнаго и *более - отчетливаго* отношенія къ этимъ деламъ всехъ благообразованныхъ членовъ русскаго народа. При такихъ встрѣчахъ въ насъ оживаютъ наши задушевныя надежды на то, что подъ вліяніемъ и руководствомъ подобныхъ людей, огромное большинство русскаго общества съ каждымъ днемъ все дружнѣй, все дѣятельнѣй и все соучастнѣй будетъ относиться *къ своему родному русскому дѣлу* и что при такомъ желанномъ, *разумно-патріотическомъ* настроеніи русскаго общества, «Люди Божіе» русской земли, уже несмотря ни на что, спасутъ дѣло Россіи отъ всякихъ козней нашихъ внѣшнихъ и внутреннихъ враговъ.....

Конечно главное, чего теперь больше всего другаго должно желать въ интересахъ русскаго дѣла, это: полнаго и непоколебимаго торжества національной русской политики,— *съ уничтоженіемъ всякой гибельной розни и съ установленіемъ спасительной гармоніи и плодотворной полноты въ жизненныхъ отправленіяхъ Русскаго Государства.* Это конечно «conditio sine qua non» нашей лучшей, государственной будущности. Но понятно, что наше правительство, даже и при всей доброй волѣ, не могло бы вполнѣ достигнуть разрѣшенія многихъ важныхъ вопросовъ въ интересахъ русскаго дѣла, еслибъ этому дѣлу не горячо сочувствовало русское общество и еслибъ успѣхамъ этого дѣла не стала усердно, разумно и *стойко* помогать патріотическая дѣятельность русскихъ гражданъ.

Патріотизмъ!.... Но даже и эта сила, больше всего другаго связующая и укрѣпляющая всякую государственную жизнь, — даже и это чувство, больше всего облагороживающее человѣка - гражданина, — было аномалировано нашими *прежними* бытовыми условіями!.....

Чтобъ пояснить нашъ взглядъ на этотъ предметъ, мы приведемъ здѣсь нѣкоторыя мѣста изъ нашего критическаго разбора статьи одного бывшаго педагога «Военнаго Вѣдомства», г. Бема, «о воспитаніи вообще». Въ этой статьѣ, г. Бемъ говорилъ между-прочимъ, что «каждый воспитанникъ, по «выходѣ изъ школы, *долженъ выполнять* свои «*обязанности* побуждаясь къ тому покорно-«стію Волѣ Божіей, преданностью Царю и «Отечеству и любовью къ ближнему, а не

«ради почести, на которую онъ не имѣетъ
«права разсчитывать». Что для того, «что-
«бы вмѣстѣ съ другими содѣйствовать къ
«достиженію общей для всѣхъ цѣли, юно-
«шество должно съ полнымъ одушевленіемъ
«слѣдовать за тѣми, которые находясь въ
«главѣ государства, ведутъ народъ къ его
«предназначенію . . . . . .» Что «всякій, даже
«*лучшій* воспитанникъ, *долженъ цѣнить свои*
«*школьные труды* — въ отношеніи къ *насто-*
«*ящей* общественной пользѣ — *ниже* трудовъ
«*простаго поселянина*, дѣятельностью своей
«удовлетворяющаго нуждамъ общества ».

Что «*чувство патріотизма* будетъ *несрав-*
«*ненно - больше* возбуждено *одушевленнымъ* изло-
«женіемъ однѣхъ *главныхъ* эпохъ отечествен-
«ной Исторіи» — чтобъ въ даровитыхъ вос-
«питанникахъ *возбудить* охоту къ дальнѣй-
«шимъ занятіямъ предметомъ, *столь-близ-*
«*кимъ* сердцу *каждаго* Русскаго.» и т. п.

Таковы были основныя черты характера
того воспитанія, которое *въ свое время* полу-
чили очень многіе изъ *теперешнихъ* членовъ
образованнаго русскаго общества. И въ этомъ
послѣднемъ отношеніи, смыслъ и духъ педа-

гогической программы г. Бема, заслуживаютъ полнаго вниманія. Что было сѣяно, то и росло !.... . .: Систематическая автоматизàція школы и искуственно-опòшленная — безвыходно-пустая — общественнаŋ жизнь, съ ея нравственной грязью и съ ея нравственными болячками, либо въ-конецъ портили человѣка, либо (въ *лучшемъ* случаѣ!) дѣлали его совершенно апатичнымъ ко всему, что выходило изъ тѣснаго круга его обыденныхъ, житейскихъ потребностей.....

Въ то время (теперь къ счастію уже прошедшее) нашъ національный патріотизмъ былъ какъ извѣстно поставленъ въ совершенно-одинаковыя условія съ нашими народными ополченіями. Онъ въ прежнія времена призывался на службу и вооружался вмѣстѣ съ «ратниками» и вмѣстѣ съ ними, «по минованіи экстренной надобности», обезоруживался и увольнялся въ отставку — на покой.... Мы всегда съ особеннымъ прискорбіемъ смотрѣли на эту бывшую опасную анòмалію нашей государственной жизни и давно уже заявляли о томъ печатно, какъ это видно изъ помянутаго нами критическаго разбора, отрывки, котораго мы приведемъ и здѣсь.

Мы говорили: «къ занятіямъ» *близкими* сердцу «предметами не нужно» *пробуждать* «охоту, потому что все близкое сердцу, и «само-собою не спитъ въ человѣкѣ никогда. «Но точно-ли изученіе нашей отечественной «Исторіи столь близко сердцу *каждаго* Рус-«скаго, какъ объявляетъ г. Бемъ? — Въ не-«согласіи, или въ противорѣчіи съ *дѣлами*, «что вообще значатъ *слова*?»

«Извѣстно что у насъ Богъ-знаетъ для «чего введено въ употребленіе немало такого «сорта изрѣченій, которыя — не производя ни-«когда ни малѣйшей *пользы* — вовсе не ли-«шены способности *вредить*. Оставя уже то, «что подъ знаменами подобныхъ, такъ на-«зываемыхъ «казенныхъ фразъ» у насъ не-«рѣдко подвизается всякаго рода опытное «*лицемѣріе*, прикрываясь этими «фразами» «какъ *благонадежнымъ* щитомъ, эти «казен-«ныя фразы» и *благонравныхъ* молодыхъ лю-«дей легко склоняютъ къ вредному мнѣнію, «что у насъ могутъ быть *необходимы* (поче-«му-то) публичныя заявленія объ общности

«такихъ народныхъ чувствъ, свойствъ и
«добродѣтелей, въ дѣйствительномъ отсутствіи
«которыхъ всѣ мы разумѣется увѣрены впо-
«лнѣ. *Для чего* это дѣлается? И какая мо-
«жетъ быть польза изъ того, если «учащі-
«еся» и *повѣрятъ* буквальному смыслу какихъ-
«нибудь подобныхъ «фразъ»? Развѣ ихъ вѣра
«можетъ въ этомъ отношеніи *сохраниться*,
«когда *практическая жизнь по своему пере-*
«*толкуетъ* новымъ гражданамъ ихъ прежнія,
«*школьныя поученія?*.. Разумѣется — нѣтъ!. А
«*что* же останется *тогда* отъ такой потерян-
«ной вѣры? Конечно вѣдь *ничего*, кромѣ лишнихъ
«поводовъ къ сомнѣніямъ въ справедливости
«и другихъ, *сходныхъ* съ тѣмъ «поученій.»
  «Извѣстно что «близкіе сердцу предметы»
«даже и у самыхъ чувствительныхъ сердецъ,
«никогда не бываютъ *многочисленны*. Извѣст-
«но и то, что *до нѣкоторой мѣры* людей
«можно и пріохочивать къ инымъ предметамъ
«и отвращать ихъ отъ иныхъ предметовъ,
«тѣми или другими способами.»
  «При такихъ условіяхъ очевидно, что *ис-*
«*тинные патріоты* должны всѣми силами
«стараться «пробуждать» *поддержать* и *укрѣп-*

«лять въ своихъ соотечественникахъ *исклю-*
«*чительно* такія наклонности, *которыя могли*
«*бы всего надежнѣе* и *всего прямѣй содѣйст-*
«*вовать внутреннему благосостоянію и внѣш-*
«*нему величію общаго ихъ отечества.* А въ
«этомъ послѣднемъ смыслѣ, *должно-ли со-*
«*временнымъ* русскимъ патріотамъ почитать за
«*столь-близкій* сердцу предметъ» отшедшія
«дѣла мертвыхъ праотцевъ — не отдавая *всего*
«своего «сердца» живымъ братьямъ?.....
«Тѣмъ братьямъ, которые *такъ-нуждаются*
«въ нашей помощи; которымъ можно сдѣ-
«лать *такъ-много* добра и которымъ мы *обя-*
«*заны* дѣлать добро и по ихъ желаніямъ и
«*даже противъ ихъ желаній,* потому что у
«насъ немало и такихъ братьевъ, которые
«какъ сказалъ Іисусъ Христосъ «не вѣдаютъ,
«что творятъ», и много такихъ, которые
«творятъ злое.....Вотъ что должно быть
«теперь близко сердцу каждаго честнаго и
«благороднаго «Русскаго».

«Да и можетъ ли быть *постоянно общепо-*
«*лезенъ* тотъ патріотизмъ, который «возбу-
«дится одушевленнымъ изложеніемъ однѣхъ
«главныхъ эпохъ отечественной Исторіи? Не ·

«будетъ ли такой односторонній патріотизмъ
«*выжидать: для своихъ обнаруженій какихъ ни-*
«*будь новыхъ, чрезвычайныхъ военныхъ случай-*
«*ностей ?.......* Примѣры подобнымъ у насъ
«явленій уже видывали всѣ ...... и что
«же есть въ нихъ такого, чѣмъ бы можно
«было удовлетвориться въ «*главномъ*», то-есть
«*въ нашемъ мирномъ, житейскомъ, быту ?*»

«У насъ очень наивно упрекаютъ Англи-
«чанъ за ихъ *мнимо-излишнее, національное*
«*себялюбіе*. Но вѣдь это свойство *въ патріо-*
«*тическомъ смыслѣ* не порокъ, а добродѣтель.
«Это самая здоровая и самая необходимая
«сила для всякой *частно-*государственной ор-
«ганизаціи. Это та великая, *постоянно-дѣя-*
«*тельная* сила, которая одна-только можетъ
«*далеко* повести, можетъ преодолѣть *многое*,
«надъ *многимъ* можетъ восторжествовать...Та-
«кое свойство заслуживаетъ не упрековъ, а
«подражанія, — даже *самаго усерднаго подра-*
«*жанія*.»

«Мы говоримъ это не какъ обскуранты,
«отставшіе отъ современныхъ научныхъ тре-
«бованій, но какъ люди сознательно убѣж-
«денные въ томъ, что понятія Англичанъ

«о «любви къ ближнему», находятся не на «ложномъ пути развитія цивилизаціи», но на «пути *раціональнаго примѣненія абсолютной* «*идеи* «*общаго блага*», къ *характеру господст-* «*вующихъ формъ и условій современной граж-* «*данственности*. Къ характеру тѣхъ *положи-* «*телно-непреодолимыхъ* практическихъ требо- «ваній свѣта, которыя отвѣка неумолкали, «неумолкаютъ и разумѣется *никогда не умол-* «*кнутъ* ни передъ какими «космополитичес- «кими теоріями», такъ-какъ *прошедшее* ру- чается здѣсь за *будущее.*»

«И въ самомъ-дѣлѣ, что можетъ сдѣлать «современный *ученый толкъ* тамъ, гдѣ *такъ безплодно* погибали усилія величайшихъ ге- «ніевъ, какъ свидѣтельствуетъ безпристраст- «ная Исторія всѣхъ героическихъ людскихъ «дѣлъ ? . . . Наконецъ вотъ примѣръ: какая «Этика можетъ быть выше откровеній Іису- «са Христа? А въ какія ограниченія и въ «какія формы, облекли христіанскую рели- «гію житейскіе интересы христіанъ ? . . . Да, «люди навсегда останутся людьми и было «бы *смѣшно* и *безумно* стараться подѣлать «ихъ ангелами. Но на пути своего нравст-

«веннаго развитія, — на *пути возможно бóль-*
«*шаго отрѣшенія отъ личной корысти для*
«*общаго блага*», — людскія общества могутъ
«достигать до извѣстнаго высшаго предѣла,
и этотъ предѣлъ — *патріотизмъ!*

«Заявляя такое мнѣніе, мы не вдаемся
«ни въ какія умозрительныя иллюзіи: мы
«основываемся на простомъ и прямомъ вы-
«водѣ изъ такихъ психологическихъ данныхъ,
«которыя подтверждены не теоріей а вѣко-
«вѣчными житейскими опытами. Эти опыты
«ясно говорятъ, что люди вообще своекоры-
«стны — себялюбивы, и что никакой циви-
«лизаціонный прогрессъ, никакая «высшая
«культура», безъ-сомнѣнія не уничтожатъ,
«даже не заглушатъ въ массѣ людей
«(то есть въ свѣтѣ) этого врожденнаго, чело-
«вѣческаго свойства.

«Но тѣже опыты говорятъ что и при та-
«комъ свойствѣ, люди вообще не чужды
«чувствъ любви и привязанности къ своимъ
«семействамъ, къ своимъ родымъ, къ сво-
«имъ обществамъ и — *къ своимъ націямъ*. Боль-
«ше этого, Исторія жизни всего человѣчес-
«тва не показала *ничего*. Остается вопросъ:

«можетъ-ли *когда-нибудь* общее самоотверже-
«ніе людей идти дальше?—Нѣтъ! И *пото-*
«*му* нѣтъ, что это было бы ужъ противно са-
«мой людской природѣ, — противно тому
«естественному преобладанію въ людяхъ
«животныхъ свойствъ, при которомъ ис-
«ключительныя *частныя* проявленія и
«движенія свободнаго человѣческаго духа,
«*никогда во-вѣки вѣковъ* не могутъ дойти до
«*обобщенія* ихъ въ людскихъ *гражданскихъ*
«обществахъ. И такъ: *безъ матеріальнаго*
«*пересозданія людей*, духовный идеалъ на-
«*всегда* останется только *идеаломъ*.»

Здѣсь мы считаемъ необходимымъ попол-
нить одинъ очень важный пропускъ, сдѣ-
ланный нами въ прежней нашей критикѣ
русскаго образованія. Пропускъ истинно
чрезвычайно-важный, такъ-какъ школа имѣ-
етъ громадное вліяніе на государство. Мы
тогда вовсе не упомянули о той язвѣ рус-
ской школы, распространіе которой хотя и
не коснулось *нашего (стараго)* времени, но ко-
торая, впослѣдствіи, уже успѣла наградить
Россію фалангой молодыхъ гуманистовъ, со-
ціалистовъ, нигилистовъ и проч.

Всѣхъ этихъ людей перепортилъ нашъ школьный реализмъ. Онъ познакомилъ ихъ съ наукой лишь одностороннимъ образомъ. И эта-то ограниченность, или односторонность знаній, поставила нашихъ молодыхъ людей на такую дорогу, которая при извѣстныхъ условіяхъ, очень легко могла вести ихъ вонъ изъ среды разумной общественной жизни, такъ-какъ незнакомство нашихъ юныхъ реалистовъ съ Исторіей науки — съ наукой вѣковѣчныхъ опытовъ — съ классицизмомъ, заставляло ихъ считать *новыми открытіями* и *новыми истинами* то, что уже *давнымъ-давно* извѣдала и отвергла практическая людская жизнь. Ударъ нанесенный Россіи этимъ педагогическимъ маневромъ *иноплеменной интриги,* одинъ стоялъ нѣсколькихъ севастопольскихъ осадъ.......

Противъ государственнаго вреда реальныхъ школъ — какъ и противъ многаго другаго для насъ вреднаго, прежде всѣхъ высказалась нынѣшняя редакція «Московскихъ Вѣдомостей», которая своими обсужденіями съ разумно-патріотической точки-зрѣнія разныхъ сторонъ русскаго дѣла, уже принесла теперешней Россіи

8

много самыхъ-существенныхъ и самыхъ важ-
ныхъ услугъ. Это до того справедливо, что
направленіе русскаго дѣла сообразно за-
явленнымъ объ этомъ дѣлѣ мнѣніямъ озна-
ченной редакціи, можно *безъ всякихъ преуве-*
личеній почитать для Россіи истинно-огром-
нымъ пріобрѣтеніемъ ...... Точно также
справедливо и тò, что прекращеніе журналь-
ной дѣятельности помянутой редакціи, было
бы для Россіи *незамѣнимой* утратой, *при*
извѣстныхъ обстоятельствахъ настоящаго
времени.

Возвращаемся къ нашему предмету.
« Изъ разсмотрѣнія естественныхъ люд-
«скихъ свойствъ мы необходимо прихо-
«димъ къ тому выводу, что всякое *исключи-*
«*тельное своекорыстіе* и *исключительное себя-*
«*любіе — ниже человѣка;* что даже близкія
« (кровныя и страстныя) привязанности во-
«обще все еще ниже людей, потому что та-
«кія свойства, въ извѣстной мѣрѣ принадле-
жатъ и безсловеснымъ животнымъ. Но, что,
«одинаковая любовь ко всѣмъ въ мірѣ лю-
«тъ вообще уже выше самой природы
«вѣка, такъ какъ любить всѣхъ одинако-

«во, можетъ только, одинъ Богъ. Изъ всего
«этого очевидно, что между такими крайно-
«стями, для людскихъ гражданскихъ об-
«ществъ *навсегда* останется только одна (един-
«ственно возможная) высшая ступень граж-
«данскихъ добродѣтелей, это привязанность
«людей къ своимъ однокровнымъ націямъ,
«это: ихъ чистая, патріотическая любовь!...
«Да; и не достигать каждому нравственно-
«разумному гражданину такой патріотичес-
«кой любви — *унизительно*, но стараться
«стать выше нея — *высокомѣрно* для него и
«такъ-или-иначе *вредно* для его отечества.»

Примѣры на лицо: съ одной стороны
Англія, свободно и широко развивающая свою
гражданскую и государственную жизнь; а
съ другой стороны также-конституціон-
ная Франція, благоденствующая подъ
полу-осаднымъ положеніемъ и лилипутскія
государства Германскаго Союза; существую-
щія на свѣтѣ собственно-только-для-того,
чтобъ служить «явной уликой въ практической
негодности нѣмецкаго идеализма, или фило-
софскаго романтизма, который до-сихъ поръ
еще не сдѣлалъ *ничего полезнаго*, а уже

*

создалъ *очень средный* умственный проле-
таріятъ.

Россіи досталось здѣсь «въ чужомъ пиру
похмѣлье», чего разумѣется не было бы,
когдабъ мы *пораньше* убѣдились въ томъ,
что если ужъ *временныя* проявленія патрі-
отическихъ чувствъ подъ-часъ считались у
насъ самой общеполезной гражданской до-
бродѣтелью, то *всегдашнія* выраженія такихъ
чувствъ уже ни въ какомъ случаѣ не слѣ-
довало считать гражданскимъ порокомъ.....
Но что̀ было—то̀ прошло! И теперь, при
національной политикѣ, нашъ патріотизмъ
навѣрное уже не будетъ возбуждаться только
при однѣхъ роковыхъ случайностяхъ и дѣй-
ствовать по-прежнему параксизмами, какъ
лихорадка...... онъ навѣрное будетъ также
постоянемъ, какъ самая русская націо-
нальная жизнь.

И развѣ мы не съумѣемъ быть патріо-
тами и *въ-миръ*? Развѣ въ самомъ дѣлѣ па-
тріотическія чувства у насъ уже до того
грубы, что не могутъ ни пробуждаться, ни
дѣйствовать безъ какихъ-нибудь чрезвычай-
ныхъ, потрясающихъ внѣшнихъ вліяній?—

Невозможно! *Если мы умѣемъ умирать на войнѣ, по патріотическимъ побужденіямъ, такъ отчегожъ намъ неумѣть жить въ мирѣ, для разумнаго удовлетворенія такихъ побужденій?* Все, что̀ для этого нужно, это: однимъ *на-чать жить своимъ русскимъ умомъ*, а дру-гимъ прогнать отъ себя ту *постыдную* лѣнь, которая такъ-самохранительно заставляетъ насъ уклоняться отъ *необычной намъ* общеполез-ной гражданской дѣятельности, и мы безъ сомнѣнія устроимъ свои дѣла не хуже всѣхъ тѣхъ, которые *изъ патріотической любви къ своимъ націямъ*, прежде небезуспѣшно ста-рались усыплять нашу національную поли-тику и наши патріотическія чувства, на-учая насъ вѣрить всему тому и дѣлать все то̀, чему сами они разумѣется вовсе не вѣ-рятъ и чего, *бывши въ нашемъ положеніи*, они никогда и ни подъ какимъ видомъ не-допустили бы у самихъ себя.

Мы прежде всѣ роптали на окружавшія насъ общественныя неурядицы, на админи-стративное казачество, на продажность суда, на финансовыя затрудненія и проч. И не-только что роптали, но всѣ больше или меньше пили сладкую чашу отъ этихъ житейскихъ благъ..... А между тѣмъ кто не согласится, что подобныхъ золъ *даже и прежде* не расплодилось бы у насъ и на половину, еслибъ мы сами не помогали, прямо или косвенно, ихъ распространенію? Прошедшаго разумѣется мы ужъ не воротимъ, поэтому, объ немъ нечего и говорить; но настоящее передъ нами и мы можемъ выбирать любое: или одуматься во-время и усердно приняться—по мѣрѣ силъ и средствъ каждаго — за содѣйствія, тѣмъ или другимъ образомъ, успѣшному ходу своего общаго русскаго дѣла; или продолжать апатично «сидѣть сложа руки» и дожидаться пока враждебныя намъ обстоятельства начнутъ по своему коверкать и нашъ бытъ и насъ самихъ........

Иные изъ насъ, избѣгая прямаго вывода изъ такой дилеммы, говорятъ: «что̀ мы за министры, чтобъ намъ толковать и заботиться объ государственныхъ дѣлахъ». И представьте себѣ что это говорится не въ шутку, а очень серіозно.... Вотъ до чего довели насъ наши *прежнія*, бытовыя условія!.... «Что мы за министры»? — ну есть ли тутъ хоть капля не говоримъ уже гражданскаго чувства, но даже простаго здраваго смысла? Точно будто и въ самомъ-дѣлѣ кромѣ министровъ уже никому не слѣдъ, ни думать, ни судить объ дѣлахъ *своего собственнаго* государства, тогда-какъ цѣлый свѣтъ знаетъ, что въ отсутствіи подобныхъ сужденій — въ отсутствіи голоса общественнаго мнѣнія — никакіе министры не въ состояніи хорошо, то-есть вполнѣ и всесторонне, знакомиться съ тѣми государственными вопросами, которые должны подлежать ихъ обязательному, срочному обсужденію и рѣшенію. Дѣло кажется ясно, но не всѣмъ.... А межъ тѣмъ намъ нерѣдко уже приходилось терпѣть и за свои грѣхи и за чужіе ошибки........

Пора одуматься! Вѣдь каждый изъ нихъ видитъ, что наши общественныя и частныя дѣла идутъ страшно дурно; что кредита ни къ намъ ни у насъ никакого нѣтъ и проч. а скажите, что мы при этомъ дѣлаемъ: противодѣйствуемъ ли мы, или содѣйствуемъ такому порядку вещей?

Конечно вѣдь мы ему содѣйствуемъ, и со-
дѣйствуемъ какъ нельзя больше. Всѣмъ из-
вѣстно, что наши частныя дѣла идутъ изъ
рукъ-вонъ дурно только оттого, что точно-
также идутъ и наши общія дѣла; а можемъ
ли мы пріобрѣсть какой нибудь прочный
внѣшній кредитъ, когда всѣ будутъ видѣть,
что русскій народъ, *словно чужой*, относится
совершенно равнодушно къ интересамъ *своего
собственнаго* государства? Другое дѣло, если
враги Россіи будутъ видѣть, что весь русскій
народъ взялъ близко къ сердцу *свои* госу-
дарственные интересы: тогда непремѣнно
явится и кредитъ, который теперь отъ насъ
отворачивается, явятся и деньги, которыя
теперь даже и иные русскіе капиталисты
помѣщаютъ въ иностранныя руки. И очень
понятно, что все это происходитъ *единствен-
но* отъ того, что и чужіе и свои не слиш-
комъ полагаются на прочность нашего бу-
дущаго . . . . Пусть это и ошибка,
однакожъ, согласитесь что надо быть по
крайней мѣрѣ Русскимъ, чтобъ объяснить
себѣ *иначе* настоящій смыслъ нашего тепе-
решняго общественнаго равнодушія къ не-

нормальнымъ явленіямъ въ жизни своего государства. И все таки оправдывать такое равнодушіе *теперь* уже нечѣмъ. *Теперь* въ Россіи царствуетъ Государь вполнѣ-Русскій — по Его серіознымъ заботамъ объ истинномъ улучшеніи дѣлъ своего государства и быта своего народа; *теперь* наше правительство возвращается къ спасительнной для Россіи національной политикѣ. По всему этому, *теперь* наше положеніе уже можетъ измѣняться къ лучшему.... И что еще недавно казалось неизбѣжной опасносссью — немипучеі бѣдой, заставлявшеі отчаяваться въ хорошемъ исходѣ дѣла, то *теперь* уже можетъ считаться зломъ *исправимымъ — подъ извѣстными условіями*. Естественно, что глубоко внѣдрившіеся въ самое такъ-сказать сердце Россіи разные враждебные или вредные для нея элементы не могутъ быть уничтожены вдругъ, или, даже въ скоромъ времени; но они могутъ быть сразу больше или меньше обезсилены и заглушены извѣстными, рѣшительными мѣрами правительства, *при общемъ такому дѣлу сочувствіи русскаго народа и содѣйствіи русскихъ гражданъ.* И при теперешихъ *критическихъ* обстоятельствахъ, на каждомъ честномъ русскомъ гражданинѣ, лежитъ прямая нравственная обязанность разъяснять *всѣми законными путями* свое общее русское дѣло, въ надеждѣ что его голосъ будетъ услышанъ и принятъ къ свѣдѣнію.

Чего жъ, пока, больше? Истинно-благонамѣренное и благотворное движеніе Верховной Воли, *теперь* уже дало въ нѣкоторой мѣрѣ нашему *постоянному мирному* патріотизму законную почву, для его общеполезной дѣятельности. У насъ *теперь* уже есть свобода слова, какой еще никогда небыло; у насъ есть Земскія Учрежденія. Что нужды, что то и другое еще не совершенно: несовершенство общая участь всѣхъ первыхъ опытовъ. За всѣмъ тѣмъ, хотя существующія правила и не даютъ нашей гласности права прямыхъ указаній, или явныхъ намековъ на извѣстныя лица, но это и не особенно нужно, такъ-какъ во всемъ что есть у насъ дурнаго и вреднаго меньше виноваты отдѣльныя лица, чѣмъ тѣ общія условія, среди которыхъ должна вращаться у насъ каждая личная дѣятельность. И хотя при настоящемъ положеніи земскаго дѣла *губернскія* земскія собранія могутъ обсуживать только одни свои *мѣстные* экономическія вопросы, однакожъ, такъ-какъ губернія не составляетъ *и не можетъ составлять* какой нибудь замкнутой, изолированной отъ другихъ губерній особи, то понятно, что *мѣстные* экономическіе вопросы той или другой губерніи не могутъ быть лишены связи съ такими же вопросами другихъ губерній, и что поэтому, первыхъ иногда невозможно обсуживать отдѣльно отъ вторыхъ. Это ясно. Такъ напримѣръ можетъ ли не касаться *мѣстныхъ* экономичесскихъ интересовъ окрестныхъ губерній вопросъ о направленіи желѣзныхъ дорогъ? Все ли напримѣръ равно Херсону, Полтавѣ или Кіеву и проч. — по отношенію къ ихъ *мѣстнымъ* экономическимъ выгодамъ — если по одной, имѣющей проходить *около нихъ* желѣзной дорогѣ будутъ провозиться только предметы общеполезные, или по крайней мѣрѣ безвредные, а по другой, скорѣй чѣмъ всякимъ инымъ путемъ, можно будетъ (при очень вѣроятныхъ случайностяхъ); набросить на нихъ и непріятельскую армію? Конечно вѣдь это очень большая разница..... Но мы, понимая и зная все это какъ нельзя лучше, вообще молчимъ и главное, мы молчимъ именно потому, что мы частные люди, а не министры и живемъ не въ отдаленномъ отъ насъ Петербургѣ, а напримѣръ близь самой проектируемой дороги—въ провинціи!....

Кромѣ того, у насъ было и есть законное представительство сословій—ихъ «Собранія», которыя могли и могутъ обсуживать предметы своихъ ближайшихъ нуждъ. А Собранія Дворянства могли и могутъ при этомъ обращаться съ своими ходатайствами прямо къ Государю Императору. Трудно ли понять, какая это сила—въ способныхъ рукахъ?

А подумайте, можетъ ли быть для русскаго дворянства,—какъ разумѣется и для другихъ сословій,—какая нибудь нужда ближе, кровнѣй, — вопіющей, чѣмъ необходимость хорошаго, то-есть дѣльнаго и основательнаго публичнаго обученія? Намъ извѣстно что вслѣдствіе крайней неудовлетворительности у насъ этого дѣла, въ немъ предприняты очень обширныя преобразованія. Нечего

и говорить, что въ основу этихъ пре-
образованій положены *несомнѣнно-общеполезныя*
указанія Высочайшей Воли. Казалось бы:
чего лучше? Но наша журнальная печать
заявляетъ и *доказываетъ*, что враждебныя
Россіи интриги, захватили дѣло нашей учеб-
ной реформы въ свои руки и вмѣсто нап-
равленія этого дѣла къ лучшему, стараются
его испортить въ конецъ. Итакъ теперешнія
судьбы публичнаго русскаго обученія, нахо-
дятся въ явной опасности. Чего хуже! Насъ
какъ говорится «изъ огня» хотятъ втолкнуть
прямо «въ полымя»—это ужъ хуже прежняго!.

Правда что въ прежнія времена наше пуб-
личное обученіе стрѣмилось насъ автомати-
зировать: оно силилось подавлять въ насъ
нашу добрую волю и нашъ здравый разумъ;
но оно по крайней мѣрѣ не посягало на
то, чтобъ сводить насъ съ ума и направ-
лять нашу волю во вредъ себѣ и своему
государству. Правда что по милости своего
прежняго публичнаго обученія, мы «безвин-
но-напрасно» на весь свѣтъ прослыли *тупо-
умными* болванами; но мы по крайней мѣрѣ
до сихъ поръ еще не слыли что-называется

опытыми сумазбродами . . . И хотя насъ прежде не образовывали *классически*, то-есть намъ не давали твердыхъ основъ для про-вѣрки своей мысли и окружавшей насъ жиз-ни опытами вѣковъ — Исторіей разума всего человѣчества; но насъ по крайней мѣрѣ не губили *реализмомъ*, который по неполнотѣ и по одностороннему развитію доставляемыхъ имъ научныхъ свѣдѣній, такъ способенъ сбивать людей съ толку, то-есть ставить ихъ на зыбкую почву абсолютныхъ теорій и идеа-ловъ, *) представляя имъ заманчивой новиз-ной то, что въ другихъ формахъ и въ дру-гое время, уже являлось въ области обще-человѣческаго знанія, испытывалось — и от-вергалось житейскимъ разумомъ людей.

Конечно школьный реализмъ у насъ явленіе ужъ не новое: дѣло публичнаго русскаго обученія портится ужъ давно, въ чемъ каж-дый можетъ убѣдиться самымъ легкимъ опы-

---

*) Надо впрочемъ замѣтить, что такъ усердно распрос-траняемый у насъ реализмъ нѣмецкой школы, вовсе не соотвѣтствуетъ своему названію, потому что онъ очень часто объясняетъ «дѣйствительность» одними твор-ческими идеалами разума.

томъ: стоитъ только, поговорить объ Россіи и объ русскихъ дѣлахъ съ нѣсколькими изъ нашихъ юныхъ соціалистовъ-политиковъ и недоумѣнія тотъ-часъ же разъяснятся ... Народъ надежный! ... Но они сдѣсь разумѣется ничѣмъ не виноваты: «смоквы немогутъ выростать на репейникахъ,» сказалъ Іисусъ Христосъ. Виноваты здѣсь тѣ «книжники», лицемѣріе которыхъ Учитель-учителей осудилъ строже всѣхъ другихъ человѣческихъ преступленій ... И точно, разберите по совѣстливой правдѣ любыя изъ другихъ преступленій. Вы увидите что въ бо́льшей части случаевъ это все-таки зло *частное*,— съ довольно-ограниченнымъ кругомъ дѣйствія и съ такими же послѣдствіями. Затѣмъ возмите худшее изъ всѣхъ, занесенныхъ въ нашу уголовную хронику преступленій и сравните это преступленіе съ слѣдующимъ: десятки тысячъ ни въ чемъ неповинныхъ русскихъ дѣтей—на основаніи глубоко-обдуманной педагогической системы — должны быть совершенно лишены образованія, могущаго быть полезнымъ и для нихъ и для ихъ государства. Мало этого: они непремѣнпо должны получить такое образованіе, которое было бы всего способнѣе сбивать каждаго человѣка съ толку — во вредъ ему и его государству .... Можетъ ли быть что нибудь преступнѣе такого умысла?

Мы прямо называемъ это *умысломъ*, такъ-какъ очевидно (и уже даказано фактами) что это дѣло немогло произойти по одной игрѣ случая и что слѣдовательно люди, которымъ принадлежала или принадлежитъ самая *иниціатива* въ этомъ дѣлѣ, очень хорошо понимали и понимаютъ то, что они дѣлаютъ. Другой вопросъ: много ли такихъ людей? — Мы не думаемъ, чтобъ ихъ было у насъ *особенно* много: мы полагаемъ что большинство теперешнихъ защитниковъ ложной теоріи нашего публичнаго обученія, — какъ и большинство поборниковъ введенія у насъ означенной учебной системы, — дѣйствуетъ совершенно безсознательно, то-есть обстаиваетъ или дѣлаетъ зло, думая обстоять или сдѣлать добро. Это очень возможно. Не всегда же надо быть тупымъ, или злонамѣреннымъ, чтобъ поступать дурно или неотчетливо. Мало-ли примѣровъ, что даже блестяще

(только разумѣется *одностороние*) образован-
ные, и *благонамѣренные*, люди, увлекались
при извѣстныхъ условіяхъ совершенно-лож-
ными, или ошибочными воззрѣніями?...
Тупо, или неблагонамѣренно здѣсь можетъ
быть только одно: — невниманіе голосу
дѣльной критики, или сознательное упор-
ство въ своихъ ошибочныхъ мнѣніяхъ
или дѣйствіяхъ. Упорство, которое показы-
ваетъ и доказываетъ только тó, что чело-
вѣкъ не въ состояніи попять, что *каждому
честному и разумному общественному дѣяте-
лю несравненно приличнѣй, достойнѣй — и даже
сыгоднѣй — прямо отказаться отъ своихъ преж-
нихъ ошибочныхъ убѣжденій и перемѣнить эти
убѣжденія къ лучшему, чѣмъ продолжать на-
стаивать на прежнемъ образѣ своихъ мнѣній
или своихъ дѣйствій, — послѣ внутренняго со-
знанія сдѣланной ошибки, или дѣлаемаго вре-
да*.... Это ясно; и такую истину можетъ
непризнать только тотъ, у кого и совѣсть и
здравый разсудокъ совершенно порабощены
тѣми *слѣпыми* инстинктами мелочнаго само-
любія, которые побуждая человѣка *казаться
непогрѣшимымъ* въ своихъ мнѣніяхъ или дѣй-

ствіяхъ, всегда *выказываютъ* этого человѣка *погрѣшимымъ вдвойнѣ, то-етъ и способнымъ къ ошибкамъ, и — что̀ безмѣрно хуже — неспособнымъ къ исправленію* .....

Разумѣется все это мы говоримъ по отношенію къ людямъ поступающимъ и дѣйствующимъ *непреднамѣренно*. Но въ настоящемъ дѣлѣ — въ дѣлѣ коренной, систематической порчи публичнаго русскаго обученія — есть немало адептовъ и дѣятелей, вполнѣ сознающихъ *всю суть* дѣла.... Такіе господа, сколько намъ извѣстно, принадлежатъ не къ одному лагерю и мы имѣемъ нѣкоторыя основанія предполагать, что сдѣсь *иноземныя* интриги совпали съ извѣстными *своеземными* тенденціями. И если здѣсь одинъ лагерь хлопочетъ о выполненіи своей завѣтной «задачи» *предварительнаго разнятія Россіи на куски, болѣе - удобополагаемые для достопочтеннаго «Германскаго Сфинкса,»* то другой лагерь тоже имѣетъ здѣсь свои «виды» поскорѣй дать Россіи — какъ отчаянному больному — сильный пріемъ героическаго лекарства, — въ чаяніи ея изцѣленія отъ одолѣвающихъ ее недуговъ....... Мы точно-также противъ и этого послѣдняго лагеря...

Какъ люди, весь свой вѣкъ внимательно изучавшіе путемъ прямыхъ наблюденій и опытовъ родную намъ Россію, мы немогли не сдѣлаться врагами и нашего государственнаго федерализма и насильственныхъ государственныхъ переворотовъ. И если въ одномъ мы видимъ явную опасность конечной гибели, то и въ другомъ мы неможемъ не видѣть самаго отчаяннаго риска всѣми грядущими судьбами нашего отечества.

Съ другой стороны наши патріотическія чувства и наше крайнее убѣжденіе въ угрожающемъ характерѣ ненормальности разныхъ отправленій нашей государственной жизни, немогло не сдѣлать насъ самыми усердными друзьями и поборниками реформы; такъ-какъ мы ясно видѣли и видимъ, что для Россіи есть—и можетъ быть—только одинъ вѣрный и надежный путь къ своему внутреннему благоустройству—и къ избѣжанію *чрезъ то (и единственно чрезъ то)* всякихъ бѣдъ и несчастій, это: *быстрота и полнота необходимыхъ преобразованій въ ха-*

*

рактеръ *національномъ—чисто-русскомъ* . . .
Вотъ та̀ вѣра, выраженіемъ которой была вся
наша прежняя частная и общественная дѣя-
тельность!

Еще очень давно, при самомъ началѣ об-
разованія у насъ партіи сторонниковъ пос-
лѣднеупомянутаго нами лагеря, — бывшаго
тогда лишь тѣснымъ кружкомъ *современныхъ*
туземныхъ прогрессистовъ, — мы писали пи-
сьмо къ одному издателю однаго русскаго жур-
нала, служившаго органомъ распространенія*)
своего рода прогрессистскихъ ученій въ
Россіи. Приводимъ здѣсь отрывки изъ этого
письма:

«Въ послѣдней книжкѣ вашего журнала,
«помѣщен . . .»—«Позвольте мнѣ передать вамъ
«по этому предмету свое безпристрастное
«мнѣніе.»

«Намъ всѣмъ очень хорошо извѣстно, что
«мысль есть душа каждаго, поэтическаго и
«прозаическаго сочиненія, и нельзя къ сожа-
«лѣнію не сознаться, что наша современная

---

*) Тогда разумѣется довольно сдержаннаго и шедшаго
окольнымъ путемъ . . .

«свѣтская литература *) до того небогата
«творческими мыслями, или вѣрнѣй, эти мыс-
«ли въ ней дотого бѣдны, что — даже грустно
«и вспоминать!»

«Но тѣмъ конечно замѣтнѣе и тѣмъ выра-
«зительнѣй, — тѣмъ «рельефнѣе,» какъ прпня-
«то говорить, — выступаютъ серіозныя мысли
«эти рѣдкія гостьи, въ нашей теперешней
«свѣтской литературѣ.» — «Благодаря Бога, съ
«недавнихъ поръ мы начинаемъ интересовать-
«ся своей народностью. Что-нужды, что эти
«интересы съ иныхъ сторонъ выражаются пò-
«шло и мелочно — это другой вопросъ: доволь-
«но и того, что такіе интересы наконецъ воз-
«буждаются — въ добрый часъ». . . .

«Именно въ добрый часъ! И едва ли мы
«ошибемся, если повѣримъ тому, что нашему
«времени — намъ, выпала завидная доля *ви-
«дѣть возражденіе нашей національной самобыт-
«ности. — Важный, великій шагъ!»

«Не одно благородное русское сердце, те-
«перь уснувшее съ - горя, подъ несродные ему

. *) Называть всю эту литературу изящной, — согласи-
тесь — *совѣстно*! . . .

«звуки иноземныхъ «мотивовъ», тогда пробу-
«дится своими родными звуками и отзовется
«имъ теплымъ, горячимъ сочувствіемъ ... Не
«одинъ сильный русскій умъ, теперь подав-
«ленный, или омраченный чужими толками
«о всякихъ химерическихъ идеалахъ и
«еще не просвѣщенный опытнымъ изученіемъ
«своей родной стороны,—тогда встрепенется и
«заговоритъ какъ самобытный человѣческій
«умъ, а не какъ безсмысленное эхо, маши-
«нально повторяющее звуки, непонятные ему
«самому.» . . . .

«Все это Богъ-дастъ будетъ!.... Но —
«чѣмъ важнѣе шагъ, тѣмъ разумѣется осмот-
«рительнѣе должно ступать..... Эта исти-
«на не нуждается въ доказательствахъ и
«кто ею пренебрегаетъ, тотъ по меньшей
«мѣрѣ, заслуживаетъ справедливыхъ упре-
«ковъ въ легкомысленности.

«А собираясь учить другихъ какому бы то
«нибыло серіозному дѣлу, напередъ должно са-
«мому изучить это дѣло основательно и впол-
«нѣ: разсмотрѣть его со всѣхъ сторонъ внима-
«тельно и подробно и оцѣнить правильно — съ
«тѣмъ практическимъ тактомъ, который ис-

«ключаетъ всякіе «идеальные миражи» про-
«стоватыхъ, или малоопытныхъ мечтателей.
«Это правило тоже кажется безусловно спра-
«ведливо и согласитесь, что кто ему не слѣ-
«дуетъ, тотъ непремѣнно выказываетъ и ог-
«раниченность или односторонность своихъ
«знаній и неспособность добросовѣстно смот-
«рѣть на тотъ вредъ, который можетъ про-
«исходить отъ иныхъ игрушекъ досужей
«праздности . . . .»

. . . .

«И какое различіе въ выраженіи одной и
«той же мысли — о *лучшемъ* . . . .

. . . .

. . . «Первый изъ этихъ взглядовъ смотритъ
«сознательно и въ немъ является истинный
«творческій даръ. Даръ не витать по заоб-
«лачнымъ сферамъ фантасмагорическихъ при-
«зраковъ, но даръ проникать въ дѣйстви-
«тельную, обыденную людскую жизнь и ви-
«дѣть въ этой жизни настоящее зло не
«на *мнимыхъ — указанныхъ неопытнымъ вооб-*
«*раженіемъ*, а *на истинныхъ*, *указанныхъ*
«*опытнымъ разумомъ*, *мѣстахъ*. Даръ не за-
«бавлять и не лакомить «Волковъ» разска-

«замп о «Лѣсахъ Аркадіи Счастливой», а
«стараться притуплять сколько можно «Вол-
«чьи Зубы» и улучшать на сколько далъ Богъ
«силъ и средствъ «Волчьи нравы....» да про-
«свѣщать умы взрослыхъ — невѣдущихъ, из-
«балованныхъ и испорченныхъ — дѣтей......
«Словомъ благой даръ дѣлать тò, въ чемъ
«только и можетъ заключаться всё истинно-
«полезное для насъ, какъ въ нашей свѣт-
«ской литературѣ, такъ и въ нашемъ жи-
«тейскомъ быту».

«И дай Богъ чтобъ подобросовѣстнѣй оцѣ-
«нивался у насъ характеръ литературной
«дѣятельности и чтобъ здравое,. практиче-
«ское направленіе въ содержаніи нашихъ ли-
«тературныхъ произведеній, все больше
«больше пріобрѣтало себѣ благоразумныхъ со-
«чувствій ......»

«Да ....
.... Это правда; но хотя
«къ сожалѣнію и страшно-дремучь у насъ
«Лѣсъ» всякаго рода грубо-эгоистическихъ
«пороковъ, однакожъ отъ *порослей* по немъ
«нѣкоторыхъ «идеаловъ», этотъ лѣсъ можетъ,
«согласитесь, сдѣлаться еще дремучѣе, чѣмъ

«теперь .... А потому каждый «истинный Русскій, долженъ благодарить каж-«дую русскую руку, которая рубитъ или бу-«детъ рубить «Топоромъ» *совѣстливой и опыт-*«*ной правды* этотъ застарѣлый, дремучій ««Лѣсъ», *вмѣстѣ съ его новой, неменьше - дре-*«*мучей порослью.* Да, пора намъ выходить «изъ этого, *въ-двойнѣ дремучаго* «Лѣса». «Пора намъ перестать обращать свои голо-«вы въ «складочные лабазы» всякихъ *нано-*«*сныхъ* бредней ...... Пора намъ перестать «разыгрывать роли безпріютныхъ космопо-«литовъ, — существъ не умѣющихъ ни по-«нимать, ни оцѣнивать своего національнаго «значенія .... очень «пора!»

«Зачѣмъ, скажите, увлекаться чужими «идеями, безъ строгаго пересмотра этихъ и-«дей собственнымъ здравымъ смысломъ и «безъ вѣрнаго соображенія ихъ со всѣми «*мѣстными* условіями? «Чужое своимъ не «зовутъ!» Годные для насъ выводы (всякаго «рода) могутъ составляться не иначе какъ «изъ *полныхъ* сводовъ тѣхъ опытныхъ свѣ-«дѣній, которыя пріобрѣтаются *не вычиты-*

«*ваньемъ* и *не наслышкой*, а личнымъ изу-
«ченіемъ дѣла на мѣстѣ — по лицу всей
«Русской Земли...... И какъ измѣнились
«бы иные наши «идеалисты», занявшись *по-
«отчетливый* такого рода изученіями; и какъ
«неожиданно для нихъ, иные ихъ «идеалы»
«поразбились бы въ-прахъ о самую про-
«стую, но вмѣстѣ съ тѣмъ и самую устой-
«чивую, самую непреодолимую дѣйствитель-
«ность ...... Вотъ на какую «Дорогу»
«должно намъ..............................

.... Да, только по одной этой
«дорогѣ мы можемъ, *осторожно спѣша*, доб-
«раться до нашей вожделѣнной, національ-
«ной самобытности — *безъ всякихъ особенно-
«непріятныхъ дорожныхъ приключеній, безъ
«всякихъ рисковъ* ....

«...................... Вторить дру-
«гимъ неспорно очень легко и очевидно что
«*такое упражненіе, для иныхъ кажется очень
«занимательнымъ*; но неужели же подобныя
«причины должны быть достаточны для то-
«го, чтобъ нисколько не стѣсняясь выборомъ
«своихъ illusions favorites, мыслить о
«нихъ во-всеуслышаніе?

Если и было у насъ когда-то время печатанія «Забавъ», «Бездѣлокъ», «Досуговъ» «и проч. то извѣстно что всѣ эти *зна-* «*менитыя творенія* имѣли точно-такое-жъ «значеніе, какъ и нѣкоторые наши новые «романы; то-есть они не имѣли ровно-ника «кого значенія: *они были забавами. и бездѣл-* «*ками въ буквальномъ смыслѣ этихъ словъ.* А «это уже *не бездѣлица:* всякія отрицатель «ныя достоинства все-таки лучше всякихъ «положительныхъ недостатковъ, а тѣмъ боль «ше, лучше всякаго вѣроятнаго вреда».

«Отъ искръ города выгораютъ», говорятъ; «людскія страсти—тѣже искры . . . . « . . . .

. . «Потрудитесь сами оцѣнить эту готовность «»забавляться искрами» и ту правственную «отвѣтственность, которая должна лежать на «каждомъ порядочномъ человѣкѣ, за послѣдст- «вія подобныхъ, невинныхъ его забавъ . . . «Забавъ въ которыхъ всякій способенъ дѣ «лать начало, но въ которыхъ никто неспо- «собенъ предвидѣть ни продолженія, ни кон- «ца . . . .» и проч.

Начавши говорить о письмахъ къ жур-

нальнымъ издателямъ, мы кстати упомянемъ здѣсь и еще объ одномъ такомъ письмѣ. Въ недавнее время, нѣкая нараждавшаяся на свѣтъ русская газета возгласила о своемъ призваніи стать *на пользу Россіи* посредствующей связью между ея властями. и ея народомъ. При такомъ возглашеніи, издатель новой газеты опубликовалъ и нѣкотораго рода программу своей будущей газетной дѣятельности. Мы не споримъ что эта программа была высокимъ произведеніемъ канцелярскаго генія и имѣла всѣ достоинства извѣстныхъ приказныхъ rebus'-овъ, но она не объясняла *ничего*...... Мы тогда лишь отчасти знали основу, на которой строилось новое журнальное предпріятіе; но мы были хорошо знакомы съ характеромъ литературной дѣятельности тѣхъ лицъ, которыя должны были вести самое дѣло......
.... и мы затруднялись уяснить себѣ одну комбинацію, которая, по многимъ уважительнымъ соображеніямъ, не могла не представляться намъ довольно странной ......

При такихъ условіяхъ, чтобъ помочь себѣ въ разгадкѣ крѣпко-интересовавшаго насъ

вопроса, мы написали къ издателю параждав-
шейся газеты письмо, съ *хвалебнымъ* обзо-
ромъ его программы, *пополненной нами нѣко-
торыми, мягкими и гладкими, поясненіями и
выводами* .... Мы очень скоро получили па
это письмо отвѣтъ, съ обязательнымъ обѣ-
щаніемъ издателя новой газеты, помѣстить
нашъ обзоръ его программы въ первомъ
своемъ газетномъ нумерѣ. Обѣщаніе это од-
нако не исполнилось. И когда, при нашемъ
личномъ свиданіи съ г. издателемъ, мы ос-
вѣдомились у него о причинѣ послѣдняго
казуса; то онъ намъ отвѣтилъ, что «впикнувъ
«въ смыслъ нашихъ замѣтокъ, онъ не могъ
«ихъ принять иначе, какъ «за дружескій со-
«вѣтъ» .... Загадка для насъ разъяс-
нилась ! ....

Обращаемся къ вопросу о нашемъ публичномъ
обученіи. Кромѣ самыхъ творцовъ враждеб-
ной интересамъ Россіи учебной системы, кро-
мѣ ихъ интимныхъ сообщниковъ,—и кромѣ
людей хотя неспособныхъ сдѣлать и способ-
ныхъ оцѣнить зло, но случайно-увлекшихся
чужими вліяніями, — здѣсь, *въ качествѣ при-
сяжныхъ кританъ*, является та, составляющая

честь и славу Россіи, знаменитая ассоціація, членовъ которой, — въ лицѣ своихъ русскихъ пособниковъ и друзей, — польскіе революціонеры почтили названіемъ «Панургова стада» *) (что конечно очень лестно n'est-ce-pas?....) Вотъ что говорится о плодотворной и общеполезной дѣятельности этой почтенной ассоціаціи, въ 31-мъ нумерѣ Московскихъ Вѣдомостей» настоящаго года.

«Подъ надзоромъ и руководствомъ людей, «опасающихся умственнаго возвышенія рус-«скаго народа и завистливо смотрящихъ на «это возвышеніе, пасется то Панургово стадо, «которое не пропускаетъ у насъ ни одного «вопроса важнаго въ интересахъ Россіи, чтобъ «не противодѣйствовать его благополучному «исходу.» Этотъ лагерь служитъ сильнымъ

---

*) Мы впрочемъ убѣждены, что добрые сосѣди польскихъ революціонеровъ, въ свою очередь имѣли полное право дать имъ названіе тѣхъ существъ, которыя такъ способны изъ одного задора, распаляемаго *чужимъ* уськаньемъ и *собственнымъ* соревнованіемъ, жертвовать своей жизнью — добывая *даровые призы для другихъ* . . . . . .

орудіемъ всѣхъ нашихъ политическихъ ин-
тригъ «и такъ-какъ успѣхъ этихъ интригъ
«въ значительной степени обезпечивается
«жалкимъ состояпіемъ образованія въ нашемъ
«отечествѣ, то къ этому лагерю иногда *не*
«*безъ выгоды для себя*, примыкаютъ и *ренс-
«гаты* изъ среды русскаго общества. *Благода-
«ря совокупности этихъ условій, иныя дѣла
«(дай Богъ, чтобъ не принадлежала къ нимъ
«московско-кіевская желѣзная дорога) идутъ у
«насъ такъ, что надъ ними словно тяготѣ-
«етъ невидимая сила рока.* Только въ чут-
«кости патріотическаго настроенія, можетъ
«въ настоящую минуту найтись противодѣй-
«ствіе вліянію подобныхъ элементовъ, *зло-
«умышляющихъ на будущее русскаго народа*»
и пр.

Мы совершепно согласпы съ этимъ мнѣ-
ніемъ. Мы давно и глубоко убѣждены въ
безусловной гибельности для Россіи *усыпле-
нія* и въ животворной спасительности для
ней *бдѣнія* русскаго патріотизма, дѣйствую-
щаго не вслѣдствіе случайныхъ внѣшнихъ
толчковъ, а вслѣдствіе постояннаго внут-
ренняго побужденія каждаго русскаго граж-

данина: посильно служить интересамъ своего отечества.

И до чего довела насъ наша апатичность къ своимъ національнымъ дѣламъ? Она довела насъ наконецъ до того, что наши самозваные *иноплеменные* менторы, не шутя увѣровали въ природность русскаго «болванизма» и теперь нисколько не стѣсняются навязывать намъ реальное обученіе съ самымъ наглымъ наругательствомъ, утверждая будто русскій народъ вовсе не способенъ къ общечеловѣческому просвѣщенію и что для него очень довольно тѣхъ обрывочныхъ, одностороннихъ, первоначальныхъ свѣдѣній, которыя могутъ дать русскимъ дѣтямъ реальныя гимназіи. преграждающія имъ всякую дорогу къ дальнѣйшему публичному обученію !......... Кажется довольно — чтобъ разбудить какъ говорится мертваго !......... Но мы даже и противъ такого чудовищнаго зла — и противъ такой безпримѣрной дерзости — вообще протестуемъ очень слабо и вяло, какъ будто рѣчь идетъ объ какомъ нибудь лишнемъ, копѣечномъ на насъ налогѣ, который мы, то тамъ, то сямъ, просимъ отмѣнить.

Можетъ ли быть чуждъ самыхъ жизненныхъ интересовъ сельскихъ обществъ, вопросъ объ искусственномъ развращеніи нашего простонародія, градативнымъ развитіемъ въ немъ пьянства, поощряемаго питейнымъ дѣломъ? Человѣческія общества не годами и не десятками лѣтъ складываются въ особыя націи. И при какихъ бы условіяхъ ни сложилась русская нація,—общій характеръ ея народа, *истинный кладъ для широкаго государственнаго развитія*. Это не фраза, а исторически доказанная истина. Но хотя мы и знаемъ, что доселѣ этотъ характеръ съ честію для себя выдерживалъ самыя суровыя и самыя безпощадныя испытанія, однакожъ, такъ какъ въ дѣлахъ подобнаго рода можно знать только то что было, а будущаго на основаніи прошедшаго предвидѣть нельзя,— и такъ какъ во всякомъ случаѣ у насъ есть поговорка, что «противъ жара» наконецъ «и камень трескается»;—то въ этомъ смыслѣ намъ уже очень пора серіозно озаботиться устраненіемъ отъ простаго русскаго народа всякихъ дальнѣйшихъ *подобнаго рода опытовъ*, надъ примѣрной устойчивостью его

10

гражданскихъ правовъ. Одно другаго дороже: деньги безспорно вещь очень важная; но народная нравственность *еще важнѣй*......
Къ томужъ, одно зло всегда исправимо; межъ тѣмъ какъ другому—при возможномъ его развитіи до извѣстной мѣры—уже ничѣмъ нельзя будетъ помочь....... Но мы вообще немного говоримъ и о нашемъ простонародномъ пьянствѣ, хотя мы, какъ постоянные зрители всѣхъ проявленій этого зла, можемъ взвѣшивать и оцѣнивать это зло не по одному умопредставленію, но и вслѣдствіе прямыхъ, личныхъ наблюденій.......

Можетъ ли напримѣръ быть чуждъ разумныхъ интересовъ нашего сельскаго хозяйства вопросъ о сохраненіи и разведеніи лѣсовъ, особенно въ тѣхъ мѣстностяхъ, гдѣ ихъ истребленіе уже доходитъ до послѣдней крайности? При дознанной ограниченности у насъ выступовъ каменноугольной формаціи, при бѣдности залежей лигнита и при крайней неравномѣрности распредѣленія лѣсовъ и торфяниковъ, лѣсной вопросъ можетъ со временемъ принять у насъ значеніе общаго бѣдствія, если мы во-время не предупредимъ такого зла. Это не метафора: предметъ слишкомъ серіозенъ, для того чтобъ имъ шутить!

Извѣстно что климатическія условія Россіи требуютъ огромнаго расхода горючаго матеріала для топлива и что въ недостаткѣ дровъ, у насъ всего больше топятъ хлѣбной соломой и кизякомъ. Но очевидно что при такихъ замѣнахъ лѣса, въ одномъ случаѣ отнимаются постилка и кормъ у скота, а въ другомъ случаѣ отнимается удобреніе у пашенъ. Вмѣстѣ съ этимъ, отъ обращенія на топку зимняго скотскаго корма, скотоводство непремѣнно должно уменьшаться, а это разумѣется отразится самымъ вреднымъ образомъ на производительности хлѣбныхъ полей. И хотя теперь мы еще не ясно видимъ предстоящее намъ съ этой стороны зло, такъ какъ наши земли по большей части еще не совсѣмъ истощены — и наши частные лѣса еще *только что дорубаюся* осторожными и разсчетливыми лѣсовладѣльцами — послѣ освобожденія помѣщичьихъ крестьянъ; но зло *незамедлитъ* выказаться: *оно растетъ и будетъ расти прогрессивно вездѣ, гдѣ лѣса вовсе выведены или выведутся, а густота земледѣль-*

ческаго населенія уже не можетъ допустить перемѣны обычнаго трехпольнаго полеводства на степное — залежное.

Въ такихъ именно условіяхъ, застаетъ теперь лѣсной вопросъ бо́льшую часть центральной Россіи . . . . И еслибъ мы только нежили что-называется день за день, еслибъ наше частное и общее хозяйство не было въ точно-такомъ же ненормальномъ положеніи какъ и всѣ наши остальныя дѣла, еслибъ образъ дѣйствій дѣятелей всѣхъ сферъ не опредѣлялся у насъ характеромъ настоящей минуты, — словомъ, еслибъ мы могли выйти изъ той юдоли неопредѣленности и фальши, въ которой намъ нельзя оріентироватьея какъ людямъ уже ставшимъ на твердую почву и озабоченнымъ устройствомъ своей будущности, — то лѣсной вопросъ тотъ-часъ же сдѣлался бы для насъ однимъ изъ самыхъ важныхъ и самыхъ серіозныхъ экономическихъ вопросовъ.

А безъ того — посмотрите, въ какомъ положеніи находится *теперь* у насъ этотъ вопросъ? Вы увидите что хотя онъ поднимается и обсуживается какъ будто съ живымъ интересомъ

и что хотя со всѣхъ сторонъ раздаются у
насъ голоса о *необходимости лѣсохраненія*,
но что рядомъ, объ-руку съ такими суж-
деніями и возгласами, *все, по-прежнему,
если еще не сильнѣй, выводятся въ нашихъ ма-
лолѣсныхъ мѣстностяхъ и послѣдніе остатки
всякаго рода лѣсовъ*......

"Не очевидно ли, что пока наша *об-
щая больная жизнь не сдѣлается здо-
ровой жизнью*, до тѣхъ поръ всякая на-
ша борьба съ какими бы то нибыло *от-
дѣльными* болѣзненными элементами и симп-
томами будетъ безплодна? — такъ-какъ *до
тѣхъ поръ* всѣ эти элементы и всѣ эти сим-
птомы — какъ миѳическія гидры — скорѣй бу-
дутъ выростать, чѣмъ могутъ истребляться ...

Все это ясно показываетъ, что намъ не-
обходимо скорѣй взяться за умъ и общими
силами — въ границахъ гражданскихъ обя-
занностей и закона — содѣйствовать своему
правительству въ установленіи и закрѣпле-
ніи усвоиваемой имъ спасительной націо-
нальной политики и въ предпринимаемой
имъ дѣятельной разработкѣ нашего общаго
страшно-запущеннаго русскаго дѣла.

И надо только вникнуть: *какихъ явленій и обстоятельствъ, остаемся мы индифферендными и безучастными зрителями*!!.......

Мудрено-ли, *глядя теперь на насъ*, подумать каждому иностранцу, что: или русскій народъ точно безмѣрно-тупъ, или русское государство дѣйствительно уже близко къ своему разложе-нію?....... А между-тѣмъ вѣдь мы всѣ знаемъ, что нѣтъ ни того ни другаго, и что все это только плоды *прежней*, искус-ственной автоматизаціи и *ложнаго* поло-женія русскихъ людей. Но теперь, благо-даря Бога и нынѣшняго Государя Россіи, первое изъ этихъ золъ уже кончилось, а другое замѣтно уменьшается и только по-слѣдствія этихъ золъ — *старыя привычки*, дѣйствуютъ еще во всей своей полнотѣ. Но ихъ необходимо преодолѣвать разсудкомъ. Прежде всего каждый изъ насъ долженъ вни-мательно разсмотрѣть, здраво обсудить и вѣрно опредѣлить *теперешній* характеръ какъ нашихъ *общихъ* дѣлъ такъ и нашихъ *част-ныхъ* къ нимъ отношеній. А кто это сдѣла-етъ, тотъ прямо придетъ къ убѣжденію, что *теперь* не только всего-похвальнѣй, но и

всего *выгоднѣй*, *быть самымъ усерднымъ и са-
мымъ дѣятельнымъ патріотомъ*, такъ-какъ *те-
перь* вся наша жизнь и всѣ наши дѣла сложились
именно такимъ образомъ, что для каждаго
русскаго гражданина — *не живущаго на свѣтѣ
въ качествѣ паразита Россіи* — патріотизмъ
становится теперь синонимомъ эгоизма, и на
оборотъ. И мы непоколебимо увѣрены, что
общее сознаніе этой неоспоримой истины *и
дѣятельное примѣненіе ея къ дѣлу* — ра-
зомъ улучшатъ положеніе нашихъ внутрен-
нихъ дѣлъ и поднимутъ нашъ внѣшній кре-
дитъ также вѣрно, какъ ясная погода под-
нимаетъ ртуть въ трубкѣ барометра, гдѣ
эта ртуть падаетъ при всякомъ ненастьѣ, а
тѣмъ больше, при всякой ожидаемой грозѣ.

Но мы уже говорили выше, что и воз-
двигаемую на насъ грозу «Запада», мы тоже
вѣрнѣй и особенно *выгоднѣй* — *дешевле всего*,
можетъ предотвратить возможно-бо́льшими,
явными выраженіями нашего патріотическаго
единодушія, — *выраженіями тѣснаго союза
всѣхъ нашихъ національныхъ силъ*. Это не-
сомнѣнно! И кто бы что ни говорилъ, — наши
силы огромны и *однородны*. Ихъ могутъ роз-

нить и чрезъ то ослаблять только одни *иноиле-*
менныя интриги — своими извѣстными ковар-
ными происками.

Развѣ Россія въ самомъ дѣлѣ состав-
лена изъ элементовъ *естественной* феде-
раціи? — Нисколько! Разсматривая этно-
графическія условія Россіи въ-смыслѣ
ученія о національностяхъ, мы можемъ ви-
дѣть передъ собой только Грузію и Поль-
шу, изъ которыхъ первая вся, а вторая
отчасти, вошли въ составъ Русской Имперіи.
Но въ отношеніи населенія Россіи, грузин-
скій элементъ совершенно ничтоженъ, а поль-
скій, тоже, составляетъ только дробный про-
цептъ. Затѣмъ разумѣется было бы совер-
шенной нелѣпостью искать отдѣльныхъ на-
ціональностей въ тѣхъ инородческихъ эле-
ментахъ Россіи, которые никогда не состав-
ляли *націй,* въ формахъ отдѣльныхъ госу-
дарствъ. Гдѣ же тутъ разнонародность, *спо-*
собная угрожать безразличному единству и
цѣлости Русской Имперіи? — Ея нѣтъ!

Чтожъ значитъ такъ-называемый «про-
цессъ внутренняго разложенія Россіи» и гдѣ
пища для этого «процесса»? Ясно, что этотъ

процессъ былъ и есть не что другое, какъ насильно навязанный Россіи chef-d'eouvre *иноплеменныхъ интригъ и своекровныхъ предательствъ .. . .* Ясно, что такой процессъ могъ зародиться и жить не иначе какъ *при совершенно-искусственной обстановкѣ,* обусловленной съ одной стороны незнаніемъ сущности дѣла и неосторожной довѣрчивостью къ чужимъ внушеніямъ; а съ другой стороны коварнымъ обманомъ и маскированной измѣной . . . .

После этого не ясно-ли и то, что при такихъ условіяхъ незнанія дѣла могли бы какъ-говорится завтра же разъясниться, — неосторожная довѣрчивость могла бы тогда же кончиться, — а въ-слѣдъ за этимъ, *обманы* и *предательства* должны были бы немедленно сгибнуть сами-собой? . . . . . .

И чтожъ нужно Россіи, для того, чтобъ достигнуть такихъ вожделѣнныхъ результатовъ? Очевидно *ничего больше, кромѣ сильнаго желанія выздоровѣть и твердой рѣшимости лечиться, — несмотря на пріятный, или непріятный вкусъ необходимыхъ лекарствъ.*

Есть положенія, которыя рѣшительно никогда не могутъ быть выгодны и полезны ни для кого, кромѣ однихъ интригановъ, и къ такимъ положеніямъ, несомнѣнно принадлежитъ *всякое крайнее обособленіе общественныхъ дѣятелей отъ своихъ обществъ.* Это неоспоримая истина: возмите какой угодно, самый разумный и самый осмотрительный — но всегда больше или меньше *тѣсный* — кругъ помянутыхъ дѣятелей, находящихся въ изолированномъ положеніи относительно своего общества и представьте себѣ что въ такой, замкнутый *съ одной стороны* кругъ, со всѣхъ другихъ сторонъ безпрепятственно проникаютъ разнаго рода искусныя и неутомимыя интриги и что при этомъ, прочіе члены общества лишаются возможности не только устранять враждебные всему обществу происки и козни, но даже и указывать на нихъ, съ своей стороны...... Легко понять, какія прискорбныя послѣдствія могутъ выходить изъ подобныхъ, неестественныхъ положеній!....... Вотъ что̀ между прочимъ, сказано по этому предмету въ 18-мъ нумерѣ «Московскихъ Вѣдомостей», за настоящій годъ:

«Въ Россіи « (говоритъ помянутая газета) »
«находились цѣлыя громадныя области, ко-
«торыя въ тоже время не принадлежали
«Россіи и тщательно отчуждались отъ нея
«болѣе даже, чѣмъ могли онѣ быть ей чуж-
«ды въ то время, когда онѣ не входили въ
«ея составъ».—«У насъ явились *внутренніе
«иностранцы*, которые чувствовали себя граж-
«данами разомъ двухъ государствъ».

И все это допускалось и поощрялось «въ то
«самое время, когда въ Россіи же, болѣе
«чѣмъ гдѣ либо, принимались стѣснитель-
«ныя мѣры противъ *коренныхъ* обществен-
«ныхъ силъ,—изъ опасенія чтобъ эти силы
«не превратились въ организаціи опасныя
«для государства». Такимъ образомъ «съ
«одной стороны дѣйствовала слѣпая полити-
«ка отчужденія, невозможная въ наше вре-
«мя и безпрерывно противорѣчившая сама
«себѣ;» — «съ другой стороны дѣйствовала
«политика національностей, привилегиро-
«ванныхъ de facto или de jure, которымъ въ
«тоже время приходилось чувствовать тя-
«жесть двусмысленнаго положенія и горечь
«возбужденныхъ но неудовлетворенныхъ ин-

«стинктовъ. Послѣдствіемъ такой странной «комбинаціи было то, что въ нашей госу- «дарственной области, подъ видомъ разныхъ «національностей, *открыто существовали сво- «его рода тайныя общества, своего рода .за- «говоры противъ существующаго государства, «а съ тѣмъ вмѣстѣ и противъ всѣхъ усло- «вій, которыя могутъ способствовать его «внутреннему процвѣтанію и развитію: При- «сутствіе этого зла не могло не быть ощу- «тительно, но ускользало отъ яснаго разу- «мѣнія и государство, постоянно чувствуя «себя въ опасности, искало зло тамъ гдѣ его «не было. Утративъ довѣріе ко всякому сво- «бодному проявленію жизни, видя вездѣ за- «говоръ противъ себя, оно незамѣчало, что «само же оно поощряло существованіе не «мнимыхъ, а истинныхъ заговоровъ, которые «брали надъ нимъ власть».* и проч.

Спросимъ: могло-ли бы дойти до чего-нибудь подобнаго, еслибъ наши внутреннія дѣла подлежали хоть самому скромному, публичному обсужденію? Мы напередъ увѣрены, что каждый добросовѣстный человѣкъ отвѣтитъ:— нѣтъ! И это очень натурально, потому что «со - стороны виднпй» — говоритъ. Истина самая простая; но нѣтъ на свѣтѣ ни одного мыслящаго человѣка, который бы личнымъ опытомъ или наблюденіямъ, не убѣдился какъ важна и какъ поучительна эта истина въ быту людей. И изъ какихъ *справедливихъ* опасеній, моглобъ не допускаться у насъ печатное обсужденіе нашихъ внутреннихъ дѣлъ — съ замѣной *предупредительной* цензуры, цензурой *карательной?* Что за бѣда, еслибъ при начальномъ пользованіи полной въ этомъ отношеніи свободой слова, — какъ и при всякомъ другомъ новомъ дѣлѣ, — встрѣчались ошибки, увлеченія, неловкости? Лишъ бы не было тутъ дѣйствительнаго злоупотребленія правомъ — выраженія какихъ нибудь явно - вредныхъ, или преступныхъ намѣреній. Но общій характеръ независящей - отъ - предварительной цензуры русской публицистики уже доказалъ, что наше свободное печатное слово не хуже и не легкомысленнѣй, если не серіознѣе и не воздержнѣй, чѣмъ гдѣ либо, можетъ обращаться съ самыми важными государственными вопросами. И это собственно

потому, что въ анализѣ подобныхъ вопро-
совъ, русскіе люди вообще оказываютъ не
только замѣчательный практическій тактъ,
но и чувство особенной деликатности. Нуж-
но ли говорить, что въ интересахъ предот-
вращенія порчи нѣкоторыхъ сторонъ нашихъ
народныхъ нравовъ, было бы очень жела-
тельно не огрублять такого рода чувствъ
напрасными подозрѣніями и незаслуженной
недовѣрчивостью. Вѣдь можно и молчать го-
раздо хуже, чѣмъ говорить, что отчасти
уже и доказывалось опытомъ..... На обо-
ротъ, можно говорить обо всемъ не выходя
изъ границъ приличія и не посягая на на-
рушеніе своихъ законныхъ обязанностей. И
у кого не достанетъ смысла отличать въ
извѣстныхъ вопросахъ то, что никому и ни-
чему не можетъ быть равнымъ и что въ
глазахъ каждаго честнаго гражданина, долж-
но навсегда оставаться неприкосповенной
святыней, — его патріотической вѣрой въ
символъ единенія всѣхъ силъ и всего могу-
щества его родины, — отъ того, что, *какъ
часть народа, можетъ и должно подлежать
разумному и добросовѣстному народному су-*

ду? И нѣтъ сомнѣнія, что при этомъ судѣ — кромѣ развѣ однихъ агентовъ злонамѣренной интриги и людей завѣдомо сбившихся съ общей дороги и потерявшихъ всякій авторитетъ — никто никогда непозволитъ себѣ никакого излишества. Наконецъ, во всякомъ случаѣ, одно зло можетъ быть только *частнымъ*, межъ тѣмъ какъ другое остается *общимъ*: — разница огромна!.......

Отчего иногда гибнетъ безвозвратно какое нибудь дѣло, само по себѣ очень исправимое и на-оборотъ исправляется такое дѣло, которое повидимому находится въ самомъ безнадежномъ положеніи? Не всегда ли это бываетъ только оттого, что въ одномъ случаѣ зло подкрадывается незамѣтно, *скрывается* въ самыхъ обыкновенныхъ привычныхъ образахъ и *сознается уже тогда, когда дѣло бываетъ потеряно*; а въ другомъ случаѣ зло возникаетъ внезапно, *открыто* и выражается въ необыкновенныхъ страшилищныхъ явленіяхъ, почему *при самомъ началѣ, сразу узнается вполнѣ?* Конечно это такъ! И для узнанія и оцѣнки *явнаго* зла, ненужно разумѣется никакихъ ни указаній ни

разъясненій, со-стороны: тутъ зло творит-
ся — «во-очію»; но могутъ ли такія указанія
и разъясненія быть не только лишними,
но даже и *обходимыми*, при несомнѣнномъ су-
ществованіи у насъ *тайныхъ*, (маскирован-
ныхъ) государственныхъ золъ? Конечно нѣтъ!
И здѣсь одинъ вѣрный путь къ спасенію:
полнота взаимнаго довѣрія правительства и
народа и ихъ соединенныя усилія, для разобла-
ченія и искоренія своихъ общихъ золъ.....
Путь до то того вѣрный, что вступить на
него — тоже, что разомъ пресѣчь успѣхи
всѣхъ враждебныхъ намъ интригъ и пора-
лизировать всѣ наши государственныя опас-
ности!

Именно такъ, потому что эти ин-
триги и порождаемыя ими опасности, какъ
всякая ложь, могутъ только, говоря сло-
вами Святаго Писанія, «пресмыкаться во
мракѣ и убѣгутъ отъ лица свѣта» — истины.

Отъ того «Свѣта», который отчасти уже
озарилъ «Пропасть», незамѣтно для насъ
готовленную намъ, нашими доброжела-
телями......... Пропасть, которая при
фальшивомъ ея освѣщеніи «Бенгальскими

Огнями» разныхъ политическихъ «Пинетти, Боско» и проч. *могла же казаться «Верто-градомъ», чуть не доведшимъ Россію до ея гибели. . . . . . . А эта «Пропасть» еще и теперь далеко не вся освѣщена «Истиннымъ Свѣтомъ»:* въ ней мѣстами еще ярко горятъ фальши-вые «Бенгальскіе Огни» и «политическіе «Боско» выдѣлываютъ свои мастерскіе «Фо-кусы». . . . . *Необходимо всему этому какъ можно скорѣй положить конецъ, или — мы рискуемъ подвергнуть свое дѣло очень серіознымъ опасностямъ?* . . . . .

ЗАКЛЮЧЕНІЕ.

Мы избрали предметомъ нашей настоящей брошюры взглядъ на будущность своего отечества, *въ зависимости* отъ своевременнаго разрѣшенія у насъ вопросовъ польскаго и нѣмецкаго — путемъ національной политики нашего правительства и патріотической дѣя-тельности нашихъ согражданъ, — соотвѣтст-венно интересамъ Русской Имперіи.

11

Причины, по которымъ мы должны были поставить будущность своей родины *въ прямую зависимость* отъ помянутыхъ вопросовъ, по нашему мнѣнію очевидны для всѣхъ и каждаго, кто только знакомъ съ настоящимъ положеніемъ русскаго дѣла. По нашему мнѣнію каждый изъ такихъ людей долженъ видѣть, что помянутые вопросы, или говоря точнѣе, породившія ихъ и пораждаемыя ими интриги.—съ ихъ извѣстными происками и кознями, —*страшно тяготѣютъ теперь надъ нашей національной жизнію и силятся частію исказить, а частію тормозить ея естественное развитіе* .... Это «Злые Генін» Россіи! ....

Конечно эти «Генін» никогда небыли бы такъ злотворны, еслибъ ихъ не поддерживалъ у насъ «наступательный и оборонительный союзъ» съ извѣстнымъ кругомъ людей, у которыхъ чувства патріотизма и гражданскаго долга *немыслимы:* которые въ своемъ «любезномъ и дорогомъ» отечествѣ живутъ въ качествѣ паразитовъ и занимаются невинной «ловлей рыбы въ мутной водѣ» ......
Но это уже третій — и при томъ уже не

навосный, а домашній—вопросъ, о которомъ мы Богъ-дастъ поговоримъ особенно; теперь же — возвратимся пока къ своему настоящему предмету.

Всматриваясь внимательно въ характеристику каждаго изъ двухъ вышеупомянутыхъ вопросовъ, не трудно замѣтить, что эти вопросы очень различны и что ихъ различіе состоитъ между-прочимъ въ томъ, что вопросъ польскій, *какъ вопросъ уже отжившій свой вѣкъ, въ настоящее время можетъ быть возбуждаемъ и поддерживаемъ только искусственно—для постороннихъ цѣлей;* тогда какъ вопросъ русско-германскій — *вопросъ живой и самобытный* ...... Что первый вопросъ *при чисто-національной политикѣ Россіи* представляется пустымъ мифомъ, тогда-какъ второй, во всякомъ случаѣ можетъ сдѣлаться очень-серіозной дѣйствительностью.... Именно такъ!

И потому: именно такъ, что жизнь независимой Польши уже прошла и *кончилась* на глазахъ цѣлаго свѣта; что польское государство уже умерло *разъ-навсегда* и что самый его трупъ

*

уже разнятъ по частямъ и на двѣ-трети уже съѣденъ иноплеменниками!....

Что послѣ всего, этого, очевидно, что польско-шляхетское дѣло каждому благоразумному человѣку должно представляться столько же безразсуднымъ и столько же невозможнымъ, какъ усилія какого нибудь дряхлаго алхимика добыть «жизненный эликсиръ»,—для возвращенія себѣ давно-отжитой молодости. Говорятъ о кажущейся поддержкѣ Франціи; но вѣдь эта поддержка — *политическій мазуризмъ* и она совершенно ничтожна, тѣмъ-больше что противъ польско-шляхетскаго дѣла вся Германія,—въ лицѣ Австріи и Пруссіи, владѣющихъ Галиціей и Познанью. Въ Россіи же — какъ мы въ томъ увѣрены — польское дѣло и подавно никогда не нашло бы для себя такой благопріятной почвы и никогда не имѣло бы такого сонмища *близорукихъ* слугъ, еслибъ тутъ не случилось *дальнозоркихъ* эксплуататоровъ, избравшихъ это дѣло *удобными* ширмами и *слѣпымъ* орудіемъ другой, гораздо больше искусной и *несравненно-больше осторожной* итриги . . . .

Мы знаемъ что теперь иные изъ нашихъ простодушныхъ соотечественниковъ еще даже и не подозрѣваютъ, что можетъ существовать на бѣломъ свѣтѣ *мудреный* русско-германскій вопросъ; но намъ кажется что едва ли далеко время, когда этотъ вопросъ — такъ или иначе — вся Россія увидитъ безъ маски, подъ которой онъ прячется до поры до времени......

Мы говоримъ это не наобумъ; но мы конечно нисколько не удивимся, если противники русскаго дѣла, за подобныя мнѣнія, обвинятъ насъ въ кругломъ невѣжествѣ, въ помѣшательствѣ и т. д.

Тутъ не будетъ ничего удивительнаго, такъ-какъ эти д о с т о й н ы е и ч е с т н ы е люди, пускаются *теперь* и не на то: разсчитывая на излишнюю поверхностность тѣхъ или другихъ нужныхъ имъ общественныхъ дѣятелей и желая сбивать этихъ дѣятелей съ толку, они *безъ всякой церемоніи, самымъ варварскимъ образомъ,* искажаютъ и перепутываютъ всѣ понятія обо всёмъ, что только «задѣваетъ за живое» ихъ интриги, или кажется имъ годнымъ къ тому, чтобъ отъ этихъ интригъ

«отводить глаза» . . . . . . Эта манера — такъ
нагло и такъ дерзко заявляющая свою увѣ-
ренность въ малознаніи и малоуміи людей
нѣкотораго круга — *теперь* у насъ въ очень
большомъ ходу ! . . . .

Но «шила въ мѣшкѣ не утаишь», гово-
рятъ; и «шило» скажется каждому, кто толь-
ко возметъ на себя трудъ *прощупать* «мѣ-
шокъ» . . . . Такъ напримѣръ всѣмъ
видно, что польская пропаганда дѣластъ Рос-
сіи *множество* зла; что эта пропаганда дер-
жится очень упорно и что многіе *прямые*
или *явные* ея поборники дѣйствуютъ отчаян-
но; но не ужели же можно серіозно вѣрить,
что эта пропаганда *самобытная сила*, а не
орудіе, управляемое *чужой* рукой ? . . . . . .

И мыслимая ли вещь, чтобъ какая нибудь
горсть польской шляхты, — *близоруко-обста-
ивающей такое дѣло, которое уже осуждено
Исторіей и которое давно потеряло всякій со-
временный разумный кредитъ*, — могла пріоб-
рѣсть у насъ такую страшную массу антипат-
ріотическихъ сочувствій и содѣйствій — *чтобъ
такъ изумительно, вліять на иныя наши дѣла?*
Нѣтъ! Это не должна быть работа польскихъ

революціоперовъ: — куда имъ !.. ..... Имъ ли, жалкимъ гладіаторамъ, мутить и вязать національную русскую жизнь? Нѣтъ! Не должна-ли тутъ быть другая, гораздо-бо́льшая сила; другая подземная спра́ва — непольская ?......

Впрочемъ какъ бы то ни было, но теперь уже вся Россія видитъ, что злоумышляющія на ея судьбы враждебныя ей интриги, становясь день отъ дня дѣятельнѣй и смѣлѣй, дошли уже до самой чудовищной крайности — до событія 4-го Апрѣля! Итакъ зло достигло наконецъ своего зенита и терпѣть его долѣе, очевидно уже нѣтъ никакой разумной возможности. Поэтому позволительно надѣяться, что «Тайны Бѣлой Магіи» у порога ихъ «Открытія» и что дни спокойнаго торжества враговъ Россіи, теперь уже не будутъ продолжительны. Дай-Богъ!.....

Прискорбное событіе 4-го Апрѣля по всѣй вѣроятности не могло быть случайнымъ, частнымъ явленіемъ. Открытое нападеніе на жизнь любимаго Государя Россіи, среди такъ искренно-преданнаго Ему, Его народа, по всѣй вѣроятности не могло быть предпринято не только *однимъ* преступникомъ - выскочкой; но даже и какой нибудь *одной* новообразованной шайкой: въ этомъ очевидно не было бы никакого смысла. Не дѣйствовала - ли тутъ рука направленная такой *сильной* партіей, которая имѣла свой *опредѣленный* планъ и которая могла располагать *обширными* средствами, для того чтобъ по крайней мѣрѣ надѣяться привести свой планъ въ исполненіе? Иначе, повторяемъ, тутъ очевидно не было бы никакого смысла, такъ - какъ помѣшательство на цареубійствѣ — болѣзнь небывалая, а идти добровольно на неизбѣжную позорную смерть не согласился бы какъ надо полагать и самый отчаянный злодѣй, еслибъ онъ не имѣлъ надежды или спастись *самъ*, (о чемъ въ настоящемъ случаѣ нельзя было и думать) или — быть спасеннымъ *другими* . . . .

Вся Россія съ напряженнымъ вниманіемъ ждетъ разгадки этого чудовищнаго событія. Слѣдствіе по поводу этого событія находится *теперь* въ самыхъ благонадежныхъ рукахъ: эти руки не выдадутъ русскаго дѣла; только помоги имъ Богъ безпрепятственно по-

вырвать съ корнемъ изъ нашей государствен-
ной жизни то̀ зло, которое какъ Дамоклесовъ
мечъ, виситъ теперь надъ патрiотической
вѣрой русскихъ гражданъ, въ лучшую бу-
дущность своего отечества — Русской Им-
перiи!

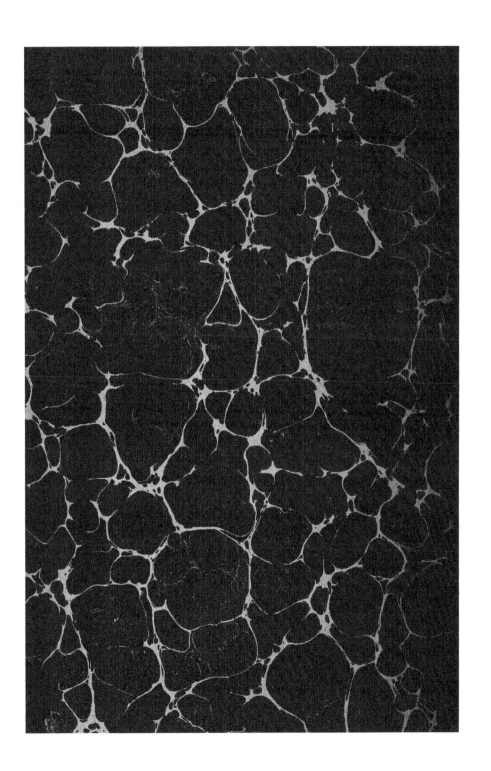

CPSIA information can be obtained
at www.ICGtesting.com
Printed in the USA
BVOW06*1855100417
480861BV00008B/32/P